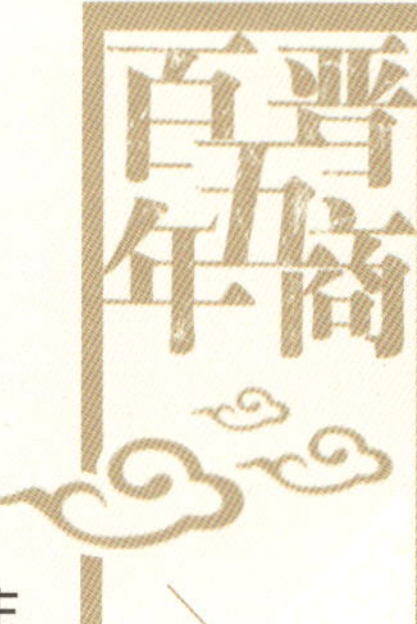

走西口

主编 刘建生
副主编 刘成虎

丰若非 刘阳 编著

山西出版传媒集团 山西教育出版社

图书在版编目（CIP）数据

走西口 / 刘建生主编. — 太原 ：山西教育出版社，2021. 5（2023.12重印）
（晋商五百年）
ISBN 978 – 7 – 5703 – 1500 – 0

Ⅰ. ①走… Ⅱ. ①刘… Ⅲ. ①移民—历史—山西 Ⅳ. ①D69

中国版本图书馆 CIP 数据核字（2021）第 068208 号

晋商五百年 · 走西口

JINSHANG WUBAI NIAN · ZOU XIKOU

出 版 人　李　飞
责任编辑　孙　宇
复　　审　李梦燕
终　　审　杨　文
装帧设计　薛　菲　刘志斌
内文排版　陶雅娜
印装监制　赵　群
图片统筹　刘志斌
摄　　影　薛　菲　王永伟　刘志斌　梁　铭
　　　　　荣　浪等

特别鸣谢　北京晋商博物馆
支持单位　北京晋商博物馆　山西省博物院
　　　　　太原晋商博物馆　山西财经大学晋商博物馆

出版发行　山西出版传媒集团 · 山西教育出版社
（地址：太原市水西门街馒头巷 7 号　电话：0351 – 4729801　邮编：030002）
印　　刷　山西印美文化科技有限公司
印　　次　2021 年 5 月第 1 版　2023 年 12 月第 3 次印刷
开　　本　787 × 1092　1/16
印　　张　10
字　　数　145 千字
书　　号　ISBN　978 – 7 – 5703 – 1500 – 0
定　　价　29. 80 元

康熙皇帝说："今朕行历吴越州郡，察其市肆贸迁多系晋省之人，而土著者盖寡。"

——《清实录》康熙二十八年二月乙卯条

· · · · · ·

山西巡抚刘于义上奏说："山右积习，重利之念，甚于重名。子弟之俊秀者，多入贸易一途，其次宁为胥吏。至中材以下，方使之读书应试。"雍正帝在其奏疏上"朱批"："山右大约商贾居首，其次者犹肯力农，再次者谋入营伍，最下者方令读书。朕所悉知。"

——《雍正朱批谕旨》，第四十七册，雍正二年五月十二日朱批

· · · · · ·

在海外十余年，对于外人批评吾国商业能力，常无辞以对，独至有历史、有基础、能继续发达之山西商业，鄙人常以自夸于世界人之前。

——梁启超《在山西票商欢迎会演说词》，1912年

· · · · · ·

平阳、泽、潞豪商大贾甲天下，非数十万不称富。

——王士性《广志绎》

· · · · · ·

富室之称雄者，江南则推新安，江北则推山右。

——谢肇淛《五杂组》

· · · · · ·

山右巨商，所立票号，法至精密，人尤敦朴，信用最著。

——《清朝文献通考》，卷十八

1888年，英国汇丰银行一位经理甫将离开中国时，对山西票号、钱庄经营人有过这样一段评论：“我不知道我能相信世界上任何地方的人像我相信中国商人或钱庄经营人那样快……这25年来，汇丰银行与上海的中国人作了大宗交易，数目达几亿两之巨，但我们从没有遇到一个骗人的中国人。”

——渠绍淼《晋商兴盛溯源》

······

中国商贾夙称山陕，山陕人智术不能望江浙，其推算不能及江西湖广，而世守商贾之业，唯其心朴而实也。

——清代外交家、首任驻英公使郭嵩焘

······

霭龄坐在一顶十六个农民抬着的轿子里，孔祥熙则骑着马，但是，使这位新娘更为吃惊的是，在这次艰苦的旅行结束时，她发现了一种前所未闻的最奢侈的生活。因为一些重要的银行家住在太谷，所以这里常常被称为“中国的华尔街”。

——罗比·尤恩森《宋氏三姐妹》

······

在上一世纪（**19世纪——编者注**）乃至以前相当长的一个时期内，中国最富有的省份不是我们现在可以想象的那些地区，而竟然是山西！直到本世纪（**20世纪——编者注**）初，山西，仍是中国堂而皇之的金融贸易中心。北京、上海、广州、武汉等城市里那些比较像样的金融机构，最高总部大抵都在山西平遥县和太谷县几条寻常的街道间，这些大城市只不过是腰缠万贯的山西商人小试身手的码头而已。

——余秋雨《抱愧山西》

未曾消逝的风华

（代序）

三晋大地是孕育中华民族的热土。距今180余万年前，山西匼河西侯度出现了迄今为止在中国发现的最早的人类。许家窑、丁村、峙峪、北撖……山西几乎保留了旧、新石器时代不同阶段的所有遗存。从那时起，山西曾一度是中华文明的代表。

隋代，雄踞太原的李渊成为天朝大国新的主宰，太原也因此成为大唐帝国的北都。唐代的三晋是一个文化昌达、名人辈出的地方，王维、柳宗元、狄仁杰、河东裴氏……一个个镌刻在青史上的名字，推动着唐代文化登峰造极。当鼎盛的铅华在四起的狼烟中悄然褪尽，宋太宗的铁骑踏过黄河，刘汉王朝灰飞烟灭之后，连年的战火、无休止的争斗，李唐盛极一时的河东文化似乎真的随着太原城那场人为的大火飘零没落了。

有人说，唐代以后的山西乏善可陈，科考不利、文化名人匮乏，山西的文化凋落了，但很少有人注意到，在时代变革、文化演进的浪潮中，山西扬弃旧腐、推陈出新的地域文化特征和独特的文化变迁方式。17世纪以降，在风云诡谲的世界形势中，经济实力成为决定国家兴衰至为重要的因素。当西方凭借坚船利炮不断开拓世界市场、中国依然沉浸在义利之辩中无法自拔时，被梁启超先生“常以自夸于世界人之前”的那些“胡服辫发”的山西商人又一次成为引领时代潮流的群体……时任德国柏林大学校长的李希霍芬男爵曾评价说，山西人“具有卓越的商才和大企业精神，有无比优越的计算智能，有发达的数字意识和金融才华”，因此“中国人好比犹太人，而山西人更像犹太人”。

晋商从默默无闻的引车卖浆者逐渐发展成为“非数十万不称富”的豪商巨贾，纵横捭阖五百余载，足迹遍及大江南北。他们凭着敢为天下先的精神，利用国家政策，抓住历史机遇。他们栉风沐雨，远渡重洋，北至西伯利亚、伊尔库茨克，南抵香港、加尔各答，东到神户、大阪、横滨、仁川，西涉喀什噶尔、塔尔巴哈台，业务涉及盐、茶、粮食、布匹、典当、票号等诸多行业，以独具特色的经商理念与经营艺术，创造了一个个令世人瞩目的商业奇迹。我们山西大学晋商学研究所同仁曾循着晋商的足迹赴东瀛，到欧美，北上恰克图、海参崴收集相关史料。大家无不为昔日晋商“劈开万顷波涛，踏破千里荒漠”的那种艰苦创业、百折不挠的精神所折服。尽管晋商在清末战乱中逐步走向衰败，商业和金融业态的转变使之无法承担起信用制度变迁所带来的庞大交易费用，但他们并没有化作历史的尘埃随风飘逝，其遗留下来的丰富的物质和精神遗产，至今依然影响着我们。

站在平遥、太谷、祁县等古老县城的街道，放眼望去，掩映在夕阳余晖中的是一座座明清晋商的豪宅大院、孕育着郁郁生机的老街，还有那商号店铺的门帘随着进进出出的人们不停地摆动，像少女头饰上随风摇曳的流苏。熙攘而恬静，喧嚣而自然，建筑和人交相融合，很容易让人产生时间上的错觉。思绪的穿越，把我们带回到清代，街面上此起彼伏的吆喝声、票号柜台上眼镜戴在鼻尖上的掌柜、镶满铁钉的大门、被缰绳磨得发亮的花岗石拴马桩……使我们抑制不住钩沉旧事的冲动。

每处遗存都有着自己的故事，每件古物都有着鲜为人知的传说。发现故事讲给世人听，是三晋学人义不容辞的责任。因此，我们会集山西大学晋商学研究所以及经济、历史、教育、体育等学科从事晋商研究的多位学者，捃摭多年研究成果，从晋商盐帮、茶商、典当、票号、镖局、会馆、家族、大院、教育，以及走西口、粮油故道、保晋公司等入手，通过点滴历史事件，深入浅出，图文并茂，向读者展示明清晋商的不同侧面，以期雅俗共赏，弘扬中国传统商业文化。

于山西大学晋商学研究所

目录 MULU

前 言

清代是中国人口发展史上的一个重要时期。清初通过康、雍、乾时期的恢复发展，到乾隆朝全国人口突破三亿大关。人地矛盾尖锐，大量内地贫民迫于生活压力，“走西口”、“闯关东”、“下南洋”，形成近代三股大的移民浪潮。其中，“走西口”是清代以来成千上万的晋、陕等地老百姓涌入归化城土默特、察哈尔和鄂尔多斯等地谋生的移民活动。

“走西口”是一部辛酸的移民史，更是一部艰苦奋斗的创业史。一批又一批移民背井离乡北上口外蒙古，艰苦创业，开发了口外地区，也成就了诸多著名旅蒙商。世人每每以仰慕的目光感叹这些经商者的富有之时，却很少有人去探求其创业的艰难。至于那些经走西口涌向西北边陲乃至欧洲的“淘金者”；那些客死他乡被迫出“口”的谋生者；那些被茫茫戈壁、漫漫流沙隐姓埋名的塞北孤魂究竟有多少，无人统计，也无法统计。恐怕只有那些依门北望、孑伴孤灯，“一缕相思万缕愁”，念夫盼子苦煎熬的贤妻良母们略有所知。但是，一首“哥哥你走西口，小妹妹我实在难留”的民歌，道出了多少人的哀怨悲伤，宣泄出多少生离死别的人间情感。它以哀婉的曲调令人回肠荡气，也吸引大家再次对西口凭吊忆古。

人口的流动，带动了文化的传播，而文化的传播，又拉近了地区间的距离，增强了它们的认同感。“走西口”成为了北方蒙、满、汉之间民族交往的代称。在此生活的各族人民秉承开放包容、进取不息的精神，相互学习、借鉴，最终接受认同对方的文化习俗，并融入各自生活，形成博采众长、异彩纷呈的西口文化。西口文化不断汲取外来优秀文化的营养，在军事文化的基础上，通过商业交流、移民、民族融合等方式，展现了绚丽多彩、内涵丰富的民间文化特色。

第一章

传奇诞生

“哥哥你走西口，小妹妹我实在难留……”一首民歌道尽了晋西北人民走西口的辛酸苦辣，它深刻描绘出口内人民为生存而不得不远离家乡出口外谋生养家糊口的图景。事实上，“走西口”既是明清商品经济逐渐孕育的一种经济现象，同时也是一种文化现象和社会现象。走西口又叫“走口外”、“跑口外”或“走场子”，它是长城以里的晋西北、雁北和陕北地区的劳动人民到长城以外的西部地区谋生的社会活动，同时也是清代以来成千上万的山西、陕西等地口内百姓涌入归化城土默特、察哈尔和鄂尔多斯等地开发蒙古地区的移民活动。“走西口”移民活动不仅对移民输出地的人口构成等方面产生了深远影响，而且对移民输入区的历史变迁发挥了积极作用，使当地的人文风貌发生了前所未有的变化。时至今日，我们不仅对走西口这种历史现象寄予了无限的怀念和追寻，还会更多地关注它对现代社会形成发展的启示和影响。那么，明清两朝封建社会延续达五百余年，缘何独在明末清初两百多年的时间内形成了“走西口”这种移民高潮，并成为影响当时乃至后世的社会和历史文化的现象呢?

第一节　勇往直前的灵魂

历史上“走西口”的移民范围广泛，主要来自山西西北部的保德、偏关和河曲三县，属于山西省雁北地区的平鲁、朔县、右玉、左云、山阴等县，陕北的府谷、神木、靖边、横山、榆林、定边六县和河南、甘肃的部分地区。“走西口”活动穿越了三个世纪之久。

关键词：雁行客　移民潮

一、春去秋归“雁行客”

清朝建立之初，统治者对蒙古地区防范较严。他们一方面采取一系列羁縻政策，把蒙民限制在一定范围内来加强对蒙古民族的统治，另一方面严厉禁止汉民到口外垦殖，对胆敢招募汉民的蒙古官员和越境到口外种地的汉人进行非常严厉的惩处。《钦定理藩部则例》中记载：凡蒙古官民私招汉民去种地的，要扣罚俸禄，有违反的竟扣 8 年俸禄，直至革职；罚牲畜，最多罚 72 头，打皮鞭，最多打 100 皮鞭，往往是罚打一并施行；戴木枷坐牢 9 个月，甚至充军。如果汉人私自到蒙古草原开荒种地，要戴枷治罪，甚至发配到 4000 里以外的边疆去充军。

随着清王朝统治地位的日趋巩固，对蒙古民族的防范也就日渐松懈，汉人也得以随着蒙古草原的逐渐开放而进入蒙古腹地。最先进入蒙古草原的汉人是被称为“绿营军”的一群人，他们是清王朝收编的明末农民起义军部队的一部分。作为地方治安部队，有一部分驻在内蒙古，为了区别于八旗兵士而打着绿色的旗帜，故得名。绿营军为解决军粮就在营区开荒种地，部队开拔之后，剩下的熟地就招募汉人种植。汉族的一般穷苦百姓就是这样得以进入蒙古草原的。后来随着绿营军驻防的发展，越来越多的汉民开始到“口外”谋生。

到了康熙朝，随着边外蒙古社会秩序的逐渐趋于稳定，牧区出现了“牲口繁息，生计丰饶”的经济复苏景象。但是随着历史的发展，单纯的游牧经济已不能满足牧民生活多样化的需求，也不能从根本上改变口外蒙古地区人民生活困窘的状况。而且每遇灾荒，草原上便会出现“青草不生，牛羊倒毙不尽”的状况，这对以畜牧业为主的口外经济来说是一种沉重的打击。在这种情况下，开垦土地种植庄稼势在必行。当时蒙古牧民也有人从事农耕，但耕种技术远较中原地区落后，于是，一些地方官员和蒙古王公便向清政府上奏“乞发边内汉人与蒙古一同耕种”。

与此同时，中原地区灾荒不断，给经济社会生活带来了极大破坏，再加上八旗贵族在华北地区颁行“圈地令”，又使大批内地农民流离失所，背井离乡。这样，对这些失去田地的口内人来说，口外大片未垦殖土地无疑具有极强的吸引力，一旦限制口内百姓出境垦荒的政策有所松动，大批难民必定从各个关口涌出口外谋生。在这种形势下，鄂尔多斯贝勒松普于康熙三十六年（1697年）提出的招募内地人合伙种地的请求获得了朝廷批准。清政府允许在原勘定的50里宽的“黑界地”内划出20到30里的“白界地”为垦殖界限，招募汉人耕种，历史上称之为“开边”。当时，出于政治上的考虑，清政府对“走西口”民众有一定的要求，且盘查比较严格，所以此时以季节性出边者居多，他们春出秋回，被称为“雁行客”，人数并没有大幅度增加。

二、名闻天下之移民潮

雍正以后，清政府虽然仍在严厉推行“封禁令”，但由于人口增加等诸多因素导致的口内人地矛盾日趋严重，所以流民违禁出边和违禁开垦的现象日益增多，甚至还出现了涌入蒙地的移民潮。移民潮禁之难禁，阻之难阻，清政府在不得已的情况下只好采取了一些权宜之计。

雍正时实行“借地养民”政策，下令内地灾民可往口外蒙地开垦土地谋生。乾隆年间又再次重申：“如有贫民出口者，门上不必拦阻，即时出发。”政策的松动使得走西口的人数猛增，到包头、萨拉齐县一带垦荒的人逐渐增多，不少人由“雁行”发展到定居于口外。但是可以看到从康熙“开边”到乾隆年间，虽允许汉人到鄂尔多斯、后套、土默川等地开垦土地，但防范还是相当严密的。

《大清会典事例》记载，嘉庆二十年(1815年)仁宗皇帝说过，“近年蒙古，渐染汉民恶习，竟有建造房屋、演戏听曲之事，此已失其旧俗。兹又留邪俗，尤属非事”。可见，到嘉庆年间，走西口已进入盛期。从嘉庆以后，汉民已经在口外地区人口中占据很大的比重，日益成为当地社会生活中极为重要的一部分人。19世纪末20世纪初，清廷日益没落，清政府为加强边防势力，解决财政危机，对蒙地实行全面放垦政策，由禁止开垦蒙荒转为鼓励大量垦殖蒙地，并任命兵部左侍郎贻谷为钦命督办蒙旗垦务大臣，督导各项事务。此时“出口垦荒者，动辄以千万计”。从此，“走西口”就没有人阻止和干涉了。

清朝灭亡之后，为加强当地生产发展和社会经济建设，绥远省主席在1932年提出了“移民实边”的政策，政府出面组织内地农民迁往西北地区，对愿意去口外的人给予优厚待遇，这样就吸引了一些口内百姓继续向口外迁移。到1937年日本侵略军侵占华北后，“走口外”这一历史过程仍然没有间断。新中国成立初期，每年仍有一部分人去“口外”谋生。1956年农业合作化以后，由于人人有地种、有活儿干，再加上内蒙古地区加强了对草场的管理，大规模的走西口活动便到此结束了。当然，此后也不是绝对没有人去“口外”寻求生活门路，但他们“出口”的背景和性质已截然不同。

第二节 缔造者的血泪与辛酸

"走西口"是一部口内人民的苦难史。就经济方面而言,"走西口"是当时小农经济条件下极低的生产力水平的产物。贫瘠的土地、频繁的战乱以及天灾的肆虐,使得一些在口内找不到谋生之路的人走上了这条虽困难重重但也充满希望的途程。尽管"走西口"的人群中不乏一些为求发达而冒险的商业人士,但对大多数人而言只是一种不得已而为之的选择,路途之艰险,生活之艰难,实为一般人所难以想象。

关键词:艰险 辛酸 苦难

一、艰险的途程

"走西口"的条件十分艰苦。一方面当时交通运输极不发达,另一方面到口外谋生的大多是穷人,所以唯一的行进方式就是步行。"走西口"的人一般是风餐露宿,天黑便随地歇息,旅程中可能会遇到重重险境。

沙漠

首先，无边无涯的沙漠荒凉辽远，不见人烟，相似的景象很容易让人迷失方向，遇着风沙则有被活埋的危险，生存的压力令人毛骨悚然。走口外的人只能凭着感觉与经验探索前进。

其次，对那些生活无着落的人来说，恶劣的天气无疑是一个关乎生存的考验。酷暑与严寒都不好过，遇着雨天，潮湿阴冷，躲无可躲，避无可避。

再次，沿途的军阀、土匪也是这些走口外的人需要提防的。比如在作为必经之路的杀虎口，匪患最为厉害。有民谣称："杀虎口，杀虎口，没有钱财难过口，不是丢钱财，就是刀砍头，过了虎口心还抖。"

除此之外，在"走西口"的路途中还可能会遇到豺狼等野兽的侵袭。总之，生命没有任何安全保障。所以很多人在启程前就给自己烧了"离门纸"，表示一旦离门，生死祸福全由天定。

杀虎口旧堡南门

二、艰苦的生活

去口外谋生的人们大多由于贫穷购置不起行装，所以他们一般是只身一人，肩挑一条扁担，一头扎捆简单的行李，一头扎捆行路用的食品。扁担除能挑行李外，有些时候还可作建筑材料，比如在搭茅庵时可当做梁架。此外还可当护身的武器来对付恶狼和野狗的袭击。铺盖简单到了极点，有的是一条破被，有的是一条破毡，有的连这些也没有，只是一件穿了多年的烂大皮袄，白天当衣穿，晚上作铺盖。所带的食品分为生熟两种，生的主要是小米，熟的主要是糠炒面。由于带的粮食很少，大多数人整天食不果腹，忍饥挨饿，到了冬天更是饥寒交迫，实在令人悲叹。

“走西口”的人每天风餐露宿，走到哪里累了便在哪里歇脚。他们一般是选择一块比较平坦的地方，铺点沙蒿，头枕自己的鞋往下一躺，便算是宿营。到了西口外，因为草原上的蒙古民族逐水草而居，往往相隔数十里才能见到一个蒙古包，所以“走西口”的人没有房屋可住，只能自己临时搭建茅棚。他们一般是选择土质较好的沙丘，在上面开一个叫做“马口”的豁口，在“马口”上面架上扁担，盖上草席，四周用土压住，再在地上铺些沙蒿，就算是一个安身之处。这类住所最多可容纳 3 人，人只可猫着腰进出，晴天的晚上可看见天上的星星，雨天则外面下大雨，里面下小雨。不少挖甘草的工人住在场方的住

“货郎”，就是走西口晋商的先行者。

室里，这种住室也叫“柜房”，条件要稍微好些。这种类型的住所一般是白布帐篷，有的还临时夯土为墙来抵御寒风的侵袭。正是这种恶劣的居住条件，使许多人得了腰腿病。因为草地上蛇多，所以常常出现人蛇同眠的现象。

在口外，“饮”和“食”对这些讨生活的穷苦大众具有非常重要的意义，因为要进行高强度的生产劳动，必须要保证合理的饮食供应。而由于沙漠里水资源的缺乏，使得有些时候“饮”比“食”更为重要。一般而言，茅棚或柜房都是建在有水或离水不远的地方，且必须保证每天有充足的水供应。人出去作业之前必须一次喝足一天的水，因为出去以后是没有水喝的。为了应对这种困难，人们尽量少吃有调料的饭，一般情况下调料也仅有点盐水而已。人们的饭食只有小米焖干饭和白面两种，蔬菜则一点儿也没有。一天只吃两顿饭，第一顿在柜房里吃，第二顿为野炊。如果作业地点有水，饿的时候可以就地做饭，如果在没水处干活儿就需要带冷食。这种艰苦的饮食条件使得很多人患上了肠胃病。

“走西口”的人中绝大多数是农村中的赤贫户，缺吃少穿，所以他们不得不依附地主和资本家以维持生存。穷人在出“口”前，为安定家人生活和解决自身盘缠，就得向地主和资本家借贷，要忍受高利剥削。这样一来他们实际也就失去了人身自由，用年复一年的辛勤劳作来还高额的借贷利息。出“口”后，一切生活费用都要从柜上支取，这些费用在结算的时候都要扣除，而且日用品的价格都高于市场价格。工人一天辛苦劳动所得还要经受掌柜的百般刁难和随意压级压价，提秤时做手脚也是极为常见的。工人在结算时除现金外，很大一部分是代金券，而这种代金券不能在市场上流通，只能在资本家自己的商号中领取实物或兑现。经过层层剥皮，“走西口”的人一年所得也就所剩无几了。

第三节 渊源探寻

历史上的"走西口"是清代以来成千上万的山西、陕西等地口内百姓涌入归化城土默特、察哈尔和鄂尔多斯等地开发蒙古地区的移民活动。那么，"走西口"现象何以形成并达到一定的规模？

关键词：人地矛盾　天灾　政策

一、自然给予的智慧

口内和口外地区在地理位置上天然毗连，为两地人民的交往提供了最为原始和基础的条件。每当口内汉民的生活陷入窘境，其向塞外地区迁出就成为一种在现实面前顺理成章的反应。此外，沿长城近边地区的河套平原、阴山丘陵地区和土默特平原等地在土壤、气候，特别是水源条件方面较其他地区要优越，具备农耕条件，而蒙民对于农耕的惰性以及对于土地私有观念的淡漠，更大大方便了汉民在此租地开渠垦种，给口外农民提供了许多的就业机会。

与之相反，"走西口"的主要迁出地都是典型的黄土高原地带，沟壑纵横、土壤贫瘠、植被鲜少、降雨不足，生活条件极其恶劣。清代的康基田在《晋乘搜略》中引用《燕闻录》说："山西土瘠天寒，生物鲜少，故禹贡冀州无贡物，诗云：好乐无荒，良土瞿瞿。朱子以为唐魏勤俭，士风使然，而实地本瘠寒，以人事补其不足耳。太原以南多服贾远方，或数年不归，非自有余而逐什一也，盖其土之所有不能给半岁之食不能得，不得不贸迁有无，取给他乡；太原以北岗陵邱阜，哓薄难耕，乡民惟以垦种上岭下坡，汗牛病仆，仰天待命，无平地沃土之饶，无水泉灌溉之益，无舟车鱼米之利，兼拙于远营，终岁不出里门，甘食蔬粝，亦势使之然。而或厌其嗜利，或病其节啬，皆未深悉西

黄土高原地貌

人之苦，原其不得已之初心也。”这段史料正是当时山西人所处的恶劣生存环境的真实写照。

民国《偏关县志》记载:“晋北土质干燥,气候较寒,山田高耸,无川流灌溉,所凭藉者雨泽耳。”沟壑纵横、气候寒冷干燥及水利灌溉的极度缺乏，直接造成了当地农业生产完全依赖降雨，抵御自然灾害的能力极低。总之，西口地区位于山西北部，天寒地冻，夏短冬长，土地砂瘠，十年九旱，收获低微，百姓贫困。

明末清初杨履园说：“百亩之土，可养二三十人。”即平均每人 3.3—5 亩土地，方能维持生计。乾隆末洪亮吉曾曰：“一岁一人之食，约得四亩，十口之家,即领四十亩矣。”杨、洪二人估计相一致的地方就是“平均每人约 4 亩地，可得生计”。可见，根据中国传统社会末期的生产力发展水平，大约需要 4 亩耕地才能使一个劳动人口得到最低生活保障。然而，清代前期耕地数字与人口能够同步增长，但进入中期以后，耕地的增长陷于停滞状态，远远不能适应飞速增长的人口的需求。下页这张简表清楚地反映了清朝初年人口与土地的矛盾：

年　代	田地（顷）	人　口	人均地亩
顺治十八年（1661 年）	5 265 028	76 550 608	6.88
康熙六十一年（1722 年）	8 510 992	103 053 992	8.26
雍正十二年（1734 年）	8 901 387	109 421 848	8.13
乾隆四十九年（1784 年）	7 183 314	286 331 307	2.51
嘉庆十七年（1812 年）	7 921 060	333 700 560	2.37
道光十三年（1833 年）	7 420 000	398 942 036	1.86
咸丰元年（1851 年）	7 716 254	435 094 047	1.77
同治十二年（1873 年）	7 303 515	405 221 545	1.80
光绪二十七年（1901 年）	8 477 606	426 447 325	1.98

表 1 清朝初年人口与土地矛盾表

据梁方仲先生推算，乾隆十八年（1753 年），全国人口 102 750 000 人，耕地 708 114 288 亩，人均占有耕地 6.89 亩；乾隆三十一年（1766 年），人口为 209 839 546 人，耕地是 741 449 550 亩，人均占有耕地 3.53 亩。结合表 1 可以看出，从乾隆年间开始，全国人均占有耕地逐渐下降，到乾隆四十九年（1784 年）时，已经较康熙六十一年（1722 年）的最高人均耕地亩数下降了约 70%，其具体数值远远低于 4 亩的最低标准。这种人均耕地面积减少所带来的巨大压力，迫使内地人口逐渐向地广人稀的蒙古地区扩散。

延伸阅读

梁方仲：原名梁嘉官（1908—1970），广东省番禺县黄埔乡人。中国经济史学家，明清史学家。他以“一条鞭法”研究享誉学界，被何炳棣先生称为“明代赋役制度的世界权威”，其学说被费正清教授认为是“为任何有关现代中国货币经济发展的研究提供了重要的背景”。

事实上，康乾时期的“摊丁入亩”及大一统政局的形成为人口的增加提供了有利的环境。在晋、察、冀、鲁、豫等地区，人口增长迅速，土地短缺贫瘠，人多地少的矛盾变得尤为激烈。由此而来，在内地的过剩人口，为了谋生便会背井离乡，游走四方，寻找新的土地，从而沦为流民。其中一部分人是临时外出做工的劳动者，另一部分人则成为他乡永久的移民。与此同时，在这种口内地少人多，人地矛盾尖锐的条件下，地广人稀的蒙古地区成为他们的乐土。

据统计，乾隆在位的六十年间（1736—1795 年），各省区上报的各种灾害数共计 1 140 次。其中水灾占将近一半，共 514 次。乾隆七年（1742 年），黄河漫溢，豫、鲁遭灾损失巨大；乾隆二十六年（1761 年）黄河在河南境内决堤十五处，全省受灾 52 州县，山东曹州河决堤，山西水灾 20 余州县；乾隆五十年（1785 年）山西忻、代等县水灾，灾民 2 万余人。在嘉庆、道光年间，有 23 年黄河为患，其中嘉庆在位的二十五年中（1796—1820 年），就有 15 年发生河患，其频繁和损害程度惊人。

除水灾外，还经常出现旱灾，光绪三年至五年（1877—1879 年）山西、河南、河北、山东四省大旱三年，出现了被称为“丁戊奇荒”的近代最严重的旱灾。

种类 性质	旱灾	水灾	风灾	雹灾	冻灾	霜灾	虫灾	瘟灾
特大灾害	240	195	36	72	23	27	53	68
大型灾害	738	274	122	125	43	55	109	98
中型灾害	439	161	25	100	12	64	151	69
小型灾害	95	37	10	48	4	13	46	17
总　计	1512	607	193	345	82	159	359	254

表 2 山西省 16—20 世纪初自然灾害统计表　　单位：次

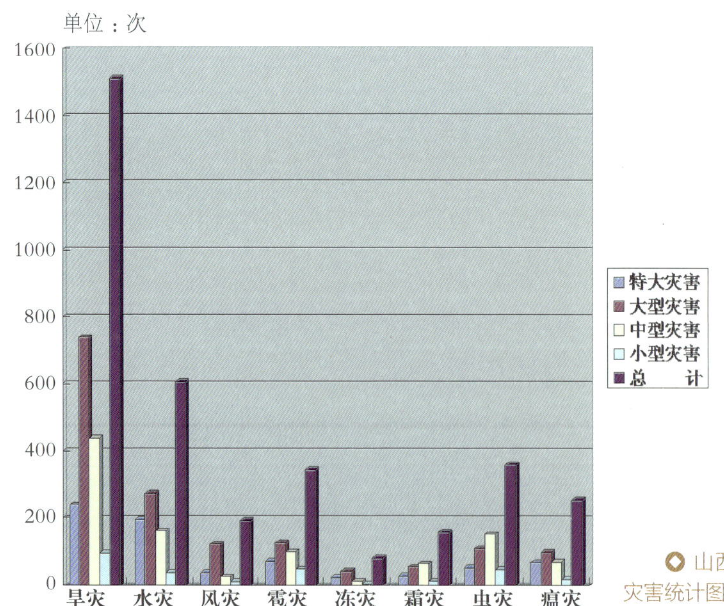

山西省 16—20 世纪初自然灾害统计图

二、时代赋予的使命

为防止蒙汉民族及蒙古各部之间的联合，清政府曾对蒙古地区实行封禁。

早在顺治十二年（1655年）就颁令内地农民“不得往口外开垦牧地”。

康熙七年（1668年），又下令“在山海关、喜峰口等九处边门设关卡稽查，杜绝农民出口”。

明末清初的连年战争与社会动荡，使内地农民奔走他方。满洲贵族和八旗官兵在华北地区大量圈地占田，使广大农民丧失家宅田土，社会经济受到严重破坏，当时的北方到处出现“极目荒凉”、“百姓流亡十之六七”等凋敝现象。

为改变因战乱造成的“口外蒙古穷困，人不聊生”的窘迫局面，清政府多次劝导蒙民进行适当的农业开垦，并鼓励边内汉人到口外去开垦地亩。

康熙派原任内阁学士黄茂前往教养蒙古，并指示：“朕适北巡见敖汉、奈曼等处田地甚佳，百谷可种，如种谷多获，则兴安等处不能耕之人就近贸易贩籴均有裨益，不须入边买内地粮米，而米价不至腾贵也。”

清同治《河曲县志》记载：“自康熙三十六年，圣祖仁皇帝特允鄂尔多斯之请，以故河保营得与蒙古交易。又准汉民垦蒙古地，岁予租籽。”

雍正下令内地灾民可往口外蒙地开垦地亩谋生，并颁令户部：“为开垦一事，于百姓最有裨益……嗣后各省，凡有可垦之处，听民相度地宜，自垦自报。地方官不得勒索……不得阻挠。”

事实上，对于只有到口外才能生存下去的无地农民来说，为了活命，他们不惜铤而走险，再加上清后期不断恶化的财政状况，清政府不得不放松对移民的控制，直至全面解禁。正如宣统年间《政治官报》所载的郭尔罗斯前旗那样，“该旗赞嘉庆初年开放长春府，道光八年开放农安县，光绪十六年开放伏龙泉，十九年开放新安镇，三十二年开放长岭县，荒地计一百十六万余垧，全旗约开放十分之六”。

清初满族皇室以及部民大部分移居关内，造成东北边防空虚。受祖宗和迷信观念的影响，清初皇族力求把东北故地变为延续香火世代入居中原的显贵之地，因此自清初以来，蒙古地区掀起扩旧增新，大力兴建寺院之风。由于清朝统治者的提倡和蒙古王公招徕，山西、陕西等地有大批工匠等手工业者和破产农民以此为理由，涌向塞外谋生。同时，商品经济发展与贸易市场的兴盛更吸引着大量的汉族工商业者由关内迁往塞外谋生，去寻求更为美好的生活。

延伸阅读

历史上的“走西口”主要形成了三个发展高潮。第一次是康熙到乾隆时期，这一高峰持续时间较长。第二次高潮发生在咸丰时期。二人台走西口的故事，正是发生在那个时期。据载，仅托克托县一地，走西口人所建移民村庄就达69个。第三次高潮是光绪年间。山西巡抚岑春煊等上奏清廷实行“移民实边”，得到光绪帝的支持，决定放垦口外全部土地，取消内地通往口外的限制，从而形成了又一次走西口的高潮。

第二章

追问西口

明清时期，在“走西口”这一蔚为壮观的移民大潮中，带着对未知生活的无限憧憬与企盼，山西、陕西、河南等地的民众相继踏入内蒙古中西部地区，进行着口外的农业生产以及商业贸易方面的活动。正如历史上遗留下的各种艺术作品所诠释的一样，走西口的确包含了无数商人和农民背井离乡、去口外谋生的艰辛与凄凉，然而口外地区的经济、社会和文化生活却因此得到进一步的繁荣与丰富。既然“西口”在中国古代乃至近代的历史中占据如此重要的地位，那么，“西口”究竟在哪里？历史清晰地告诉我们：随着“走西口”人数的增多、规模的扩大、入塞关口的增加以及互市关卡重点的转移，“西口”这个特定的词汇也完全具备了更为宽泛的释义。

第一节　众说“西口”

“口”由来已久。在古代，为防止北方少数民族侵扰，历代统治者都要在与游牧民族接壤的险要地段建立防卫要塞，通常简称为“塞”。而“口”往往专指长城的关口，人们将长城以里的地区叫“口里”，长城以外的地区叫“口外”。

有明一代，朝廷先后在长城沿线的辽东、蓟州、宣府、大同、宁夏、甘肃等九边地区遍设卫所，并屡次修建长城，广置“屯”、“堡”、“关”、“墩”。明朝开展的互市贸易基本是在这些卫所附近展开，借助原有固定的市场，很多地方便逐渐演化为塞内外的贸易关口，当时也被称作“旱关”，如河北的张家口、迁西县的喜峰口，北京密云县的古北口，山西右玉县的杀虎口等。

时过境迁，人们逐渐给长城上的口子贯以一些别名。其中，张家口被称为“东口”，多伦诺尔被称为“北口”，这些已成为不争的事实。然而，对于历史上的“西口”，却似乎存在很大的争议。当然，人们之所以对“西口”存有不同看法，也是历史发展的必然。到目前为止，针对“西口”具体位置的确定，可谓众说纷纭，莫衷一是。

关键词：泛指　特指

中国明代万里长城九边重镇示意图

一、泛指说

事实上，“西口”主要在戏曲、民歌等特定艺术表现形式中得以体现，必定会掺杂许多艺术夸张成分，因此，我们就不一定在“实”字上加以考证。譬如，在走西口的戏曲中，有“坐船（你要）坐船舱，你（千万）莫要坐船头，要小心（那个）河上风摆浪，把哥哥你摆在河里头”的唱词，那么走西口的途中必定有坐船渡河的地方，而黄土高原唯一可撑船摆渡的河就是黄河。

入清以后，由于社会环境的不断变化以及边境贸易的不断发展，山西河曲、保德，陕西神木、榆林、靖边、定边、府谷等地的诸多居民渡过黄河上的水关，进入伊克昭盟、乌兰察布盟和前后套地区从事垦荒种地等活动。照此

延伸阅读

九边，明代北方九个军事重镇的合称。明太祖洪武元年（1368年），朱元璋推翻元朝统治，建立明王朝，元顺帝退居塞北，但其残余势力仍不断侵扰北方地区。于是，从明成祖永乐年间（1403—1424年）开始，东起鸭绿江，西到嘉峪关，分命大将，统兵守御。初设辽东、宣府（今河北宣化）、大同（今属山西）、延绥（今属陕西）四镇，继设宁夏、甘肃、蓟州（今天津蓟县）三镇，又以太原和固原（今属宁夏）近边，也称二镇，合称“九边”。“九边”的设置一定程度上加强了明政府在北方的防卫力量。

永和关古渡口

思路，走西口的通道口就以河曲、保德范围之内的大路小道为妥。另外，由于清代山西遭年馑绝非一两次，大批饥民外出谋生不可能仅走一条路，所以走西口的“西口”位置就被扩大到陕西西部沿黄河北上直至大同北郊晋蒙接壤的各条道路。

二、特指说

这里对“西口”的特指，一部分学者认为就是山西北部的杀虎口，并指走西口现象由来已久，从清中期直至民国年间从未间断。当时的杀虎口正是闻名遐迩的交通要道，与张家口（东口）并称为塞北两大口。事实上，“东口”、“西口”最原始的叫法出自民间，并且在《清史稿》这样的官方文字中也有相应表述，这样官方、民间都认可了“西口”就是杀虎口。例如安介生就将“东口以西的各口（特别是杀虎口）称为西口”。王德功等人也认为“西口”就是杀虎口。也有一部分学者则认为归化城是西口，如俄国的学者阿·马·波兹德涅耶夫在其《蒙古及蒙古人》一书中记载：“归化城是西口，并看到当时官家的运输车辆上所标的地名都是‘西口’，并在驻军的号衣上也可见到。”

◎《蒙古及蒙古人》封面

延伸阅读

《蒙古及蒙古人》：阿·马·波兹德涅耶夫（1851—1920年）著，是世界上研究蒙古历史和现状的名著之一。据蒙古史学界有的学者评论，这部书的历史价值有些方面不亚于《马可波罗行纪》。《蒙古及蒙古人》，第一卷记述了他于清德宗光绪十八年（1892年）六月至十二月，在外蒙古的旅行考察活动。第二卷记述了他于清德宗光绪十九年（1893年）三月至八月期间，在内蒙古的旅行考察活动。他在内蒙古先后走访了归化城（今呼和浩特）、土默特地区、多伦诺尔、上都故城（今正蓝旗境内的元上都遗址）、应昌故镇、克什克腾旗、巴林旗、乌珠穆沁旗等地，对这些地区的政治、经济、人民生活状况及沿途的各寺院、庙宇及喇嘛情况作了详细记述，真实地反映了当时内蒙古地区的情况。

第二节 历史上最早的西口

地处山西北部右玉县境内的杀虎口是历史上最早的“西口”。在长城沿线早期的各个关口中，杀虎口之所以可以作为唯一与“东口”——张家口相对应的“西口”所在地，其原因不仅在于地理位置上的直观对称性，而且反映在它们所共同具备的军事功能以及社会经济功能上。

关键词：最早的西口 杀虎口 税卡

一、历史的硝烟

位于山西省右玉县城西北 35 公里的杀虎口坐落在万里长城脚下两省区（山西、内蒙古）三县（右玉县、和林格尔县、清水河县）的交界处。据《朔平府志》记载：“长城以外，蒙古诸蕃，部落数百种，分四十九旗，其通贡往来必道于边关，而杀虎口乃直北之要冲也。其地在云中之西，扼三关而控五原，自古称为险塞。”早在春秋战国时便有“参合陉”、“参合口”之称，唐称“白

《朔平府志》

延伸阅读

《朔平府志》：官修志书。雍正三年（1725 年）由朔平府知府刘士铭修，王霨纂。为木刻本。共十二卷六十七篇。历时两年半，为世人留下了一部参考价值极高的志书。

狼关”，宋名“牙狼关”，明代改为“杀胡堡”，又名“杀胡城”。该地对于历代当朝者都有重要的战略意义。秦汉伐匈奴，隋唐征突厥，宋抵契丹，明御蒙古，都在这里屯兵设卡，成为游牧民族和汉民族征战的军事要地。

康熙二十一年（1682 年），清朝政府平定“三藩”叛乱之后，原来伪装恭顺的准噶尔部噶尔丹，于康熙二十七年（1688 年）攻掠喀尔喀蒙古，随即掀起了反对清朝中央政府的大规模武装叛乱。在这种严重威胁国家统一的形势下，康熙亲率大军征讨，“特命勋戚重臣，统禁旅数千”，驻扎杀虎口等地，与直隶、宣化、陕西、宁夏互为犄角。

杀虎口之所以在康熙西征过程中扮演异常重要的角色，就在于其正处于口内与塞外的交通咽喉要道。苍头河最窄处仅数十米，最宽也不过 300 米，河谷至山头高差约 300 多米，河谷两厢基岩裸露，山崖陡峭，嶙峋雄险。苍头河经杀虎口西北流 30 里后向西流入内蒙古和林格尔境内的浑河，然后归入黄河。这样西征大军沿苍头河流域入浑河流域，进入黄河流域便可直通河套地区。根据古人依山傍水安营扎寨的军事原则，杀虎口正是最理想的大本营。

杀虎口长城

今日杀虎口

杀虎口堡

杀虎口两侧地形十分险峻，其东依塘子山，西傍大堡山，两山之间开阔的苍头河谷地，自古便是南北重要通道。

据《清实录》记载，康熙对西路督运官指示："西路挽输较中路尤为紧要……要著原任兵部督辅右侍郎王国昌，大理寺卿余成龙往助，增造运车四百辆，亦著动支正项钱粮。"康熙所说之西路，就是指从杀虎口出发的这一路。

杀虎口之苍头河

延伸阅读

山无头，水倒流，被人们称为右玉县的两大奇观。水倒流，指的是苍头河的滔滔河水，不像其他河流那样东流或南流，而是向北流，流经内蒙古入浑河，又转向南入黄河。苍头河独特的流向，使其名声大振而远近知晓。

二、税卡的繁荣

杀虎口是历史上的重要税卡。作为中原与蒙古地区以及俄国通商的必经之路，每年大量的商人与货物由此通过。杀虎口关市由明代的杀胡堡马市演变而来，拥有“日进斗金斗银”之传说。

由于军事与贸易的需要，杀虎口于明嘉靖二十三年（1544 年）开始筑堡（史称旧堡），后来随着汉蒙马市的设立，呈现出“汉夷贸迁，蚁聚城市，日不下五六百骑”的繁荣景象。事实上，伴随口内外贸易量的增加以及走西口人数的不断增加，清政府于顺治八年（1651 年）就设立杀虎口为山西省境内唯一的税关，严格规定“商人运载货物，例需直赴杀虎口输税，不许绕避别口私走”，逐渐赋予杀虎口越来越多的税收权力。

康熙四十一年（1702 年），规定“大青木税归并杀虎口兼辖”；

雍正五年（1727 年），规定“河宝营（即河曲、保德）木植税由杀虎口监督征收”；

杀虎口古堡内的商业街

乾隆四年（1739 年），“定归化城木税额归杀虎口征收”；

乾隆五十七年（1792 年），“开山西得胜口，归杀虎口监督稽征”。

也就是说，最终杀虎口税关设有大关总局和卫队，其管辖范围涉及宁鲁口、归化、高庙、得胜口、新平口、朔平、西镇川、小村、西包头、河保营各分局和东镇川、托克托、皇甫川等分税卡，而其税收网络则遍布河套以东，大青山以南，河曲、保德以北，天镇以西的晋、蒙地区。这些史实充分证明了杀虎口在当时北方内陆商业贸易中的重要经济地位。

清王朝对杀虎口给予了高度关注。从清朝历代统治者派往杀虎口官员的民族身份来看，我们发现其全部为满蒙官员，并没有汉官。事实上，清政府定鼎北京之后，一直存在着满汉官僚的明争暗斗，但是，杀虎口这种处于汉蒙交界并从一开始就由宗人府、理藩院、内务府满蒙官员所垄断的税关，根本不可能为汉官留有一席之地。满蒙官员为了保证自己的势力，不愿意、也不可能把已有的杀虎口关税控制权转交他人，必定会始终把持在自己手中。

第三节 变迁中的西口

随着清政府蒙禁政策的逐步放松，巨大的商业利润诱使越来越多的内地百姓通过东、西两口到达蒙地进行贸易活动。至清中后期，归化城成为替代杀虎口办理相关入蒙手续的贸易关口，并逐渐成为西口泛化的一个重要地点。在大批移民前往归绥地区的同时，该地区的人口逐渐达到饱和状态，从而产生了河曲、保德以及陕北神木、府谷一带的人民沿黄河继续西进的现象，致使河曲、保德、偏关地区也被纳入西口泛化的范围之内。

关键词：变迁　泛化

一、归化城的印记

清代《乌里雅苏台志略》《定边纪略》均提道："归化城，俗曰西口。"《蒙古及蒙古人》以及民国年间的很多著作也都有过与之类似的记述。

近年来，有人发现盖有"西口归化城双盛厚记"戳记的乙巳年（1905年）的帖子；更有消息说，呼和浩特市南郊还出土过很多印有"西口"字样的砖瓦。这些文献既有遗留性原始史料，也有较早的方志记述，更有目击者的证言，其客观性不容置疑。

从归化城的建置来看，《绥远通志稿》中记载："嘉靖中，蒙古西土默特部长阿勒塔都里木汗驻守丰州滩，筑城于此，蒙语名库克忽洞。后受明封为顺义王，旋并改所居城曰归化。"《朔

延伸阅读

归化城：今日呼和浩特市的雏形，它北枕巍峨起伏的阴山山脉大青山，可通北部丰美的草原；南临波涛滚滚的黄河水，与鄂尔多斯高原隔河相望；东依连绵起伏的蛮汗山，可谓京西锁钥；西连河套，为西进甘宁之门户。它坐落在黄河、大黑河冲积而成的平原上。这里土地肥沃、地形平坦、灌溉便利，地理上称为前套平原、土默川平原，史称敕勒川丰州滩。

归化城老照片

平府志》则记载，万历十四年（1586 年）“北顺义王俺答妾三娘子名哈屯，封忠顺夫人……三娘子别筑城另居，前明赐名归化”。该城“周三里许，高三丈余。南北二门。东西南三关相通，各有门，各建楼”。这座规模较大的城池，在层峦叠嶂的青山辉映下，显露出一派苍郁生机。当地蒙古族人民给它起了一个美丽的名字，叫“库库和屯”，又译为“呼和浩特”，汉意为“青城”，归化城也就是今呼和浩特旧城区的雏形。

雍正元年（1723 年），归化城设置了理事同知，专门管理口外汉人，但仍隶属于山西朔平府。当然，伴随走西口的移民活动，诸多商人在归绥地区开始了各种贸易经营活动。所以，至康熙三十五年（1696 年），当康熙帝围猎驻归化城时，该城已经是商贾云集了。另外，在清军西

延伸阅读

“青城”的来源有两种说法：一说建城时，明政府曾派工人来这里帮助烧青砖，用“青砖”盖起来的城市，远望泛有青色，所以叫“青城”。到现在呼和浩特市四郊还有不少地方叫“陶思浩”，“陶思浩”为蒙语“砖瓦窑”之意，想来就是当年“窑场”的遗址。另一种说法是，大青山在城北 30 里，并且盛产石青，“库库河屯”(呼和浩特另一译法）因青山而得名。依照这种说法甚至昭君坟之所以叫“青冢”，也是因青山而得名，并不是因为坟上有“冬草犹青”。

◇ 行进中的驼队

一串串驼印伸向漠北，一宗宗生意活跃边贸。沙海万里茫茫，晋商雄心勃勃，他们用双脚趟出了商路，用诚信打通了心路。

征噶尔丹的时候，随军商旅用骆驼穿越大漠南北，贩运军需用品，并且兼做各种百姓生活用品的运输。他们把中原地区的茶叶、布匹运往草原和大漠深处，换回草原牧民的皮毛和畜产品。由此而来，一派壮美的景象便印刻在这广阔的漠南蒙古草原上——无数的商人队伍以骆驼为伴，叮叮当当的驼铃声悠远动听。

随着商业的繁荣，清军在乌里雅苏台、科布多以及新疆北部巴里坤、伊犁地方驻军，各地区之间的经济联系得以加强。归化城的各色商品，由全国各地而来，又以归化城为中心向四面八方辐射开去。其商品种类之繁多，商贸区域之异常辽阔的确毋庸置疑。

另外，归化城的驼马交易市场在走西口商人的带动下，变得异常活跃。《归绥识略》记载，当地牲畜市场多为行商远赴蒙古贸易，回程携带牲口畜产，按畜种分处交易。有学者还称归化城可能拥有清代最大的牲口交易市场。

为此，乾隆二十六年（1761 年），归化城被设为继杀虎口之后的第二个税关，并于乾隆三十一年（1766 年）左右，成为替代杀虎口为汉蒙商民进出关口办理票证的机关。至此，杀虎口的重要经济地位逐渐让位于归化城，而归化城也顺理成章成为“走西口”中泛化后的“西口”。

另外，阿·马·波兹德涅耶夫所著《蒙古及蒙古人》的成书时期已是走西口移民活动的第三次发展高峰，可以肯定地说，作者所看到的事实已完全属于泛化后的西口。因此严格来讲，虽然此时的归化城可以频繁看到有关“西口”的符号，却不能成为断定归化城是历史上最早的西口的依据。事实上，相关史料反而进一步增强了西口在地域上不断得到泛化的说服力。

归化城各色商品由西北来者，以皮张、绒毛为大宗，牲畜次之，药材又次之。皮毛来自新、甘、宁、青，运销天津；牲畜来自蒙旗，转销冀、晋、鲁、豫；药材亦来自新、甘、宁、青，运销天津及祁州。其由东南来者，以绸缎、布匹为大宗，次为茶、糖等杂货，多来自平、津，转销于新、甘、青或省内各县。省内所产杂粮，亦常由平绥路东运，销于河北；或由黄河西运，销于宁夏。

二、河曲、保德、偏关的见证

康熙三十六年（1697 年），晋西北人民随绿营军的撤防，被政府征召北上内蒙古从事垦荒是西口泛化的第一个阶段，而乾隆三十一年（1766 年）左右，绥远城将军兼管右卫（右玉）、归化城两处事务，汉蒙商民进出关口的票证机关移至归化城，是西口泛化的第二个阶段。此后，官方依旧在杀虎口设税务监督，而归化城亦是通往蒙古的税务口岸，以往旅蒙商贾只在杀虎口一处缴纳关税，此时需在两处缴纳，无疑加重了商人的负担，提高了成本。在趋利心理的诱使下，他们开始逃避关税，试着从其他地区进入蒙古，这便是造成“西口”泛化的经济因素之一。

偏关、河曲、保德三县以黄河、长城为界，是历史上农耕文明与游牧文明的分界线。由于其特殊的地理位置和自然环境，这三个地区的百姓也就成为走西口的主要人群。谈到当年走西口那段历史，很多有过这段经历的老人们仍不禁泪流满面。“河曲保德州，十年九不收”，民谣在生动反映当地土地贫瘠、自然灾害严重的同时，也告诉了我们当地百姓走西口的真正原因。

偏关，古称偏头关。历史上为兵家争战之地。“因地控西北，近逼河套，与漠南仅一水之隔。”有很大一部分走西口的偏关人主要通过船渡黄河后，向西进入内蒙古境内，分别在包头、土右旗、杭锦后旗等地进行农业和商贸活动。另一部分人则是逆河而上，最终到达包头的南海子码头，进行相关的货物交换。

地处晋、陕、蒙三省交界的河曲县拥有“鸡鸣三省”之俗称，该地的“西口古渡”有力见证了近三百年来“走西口”的历程。

河曲西口古渡

偏关老牛湾长城

偏关黄河城墙

2009年，包头晚报特派记者李永宏、赵永峰和马宏伟曾亲赴河曲，对当年河曲人民走西口的起点——“西口古渡”进行了实地采访，并撰写了“西口古渡，圆梦的起点——再走西口路系列报道”。该报道生动并细致地描绘了河曲人民走西口的辛酸：

> 为了生存的河曲人，告别家乡的亲人，跨过黄河，千里迢迢来到口外的包头、后套、土默川等地逃荒谋生。春天，走西口的河曲人走过西门口，来到清冷的黄河南岸渡口，与几十个一同打工的河曲人坐上巨大的木船开始“雁行”。秋天，“霜降百草枯”的时候，成群结队的老人、妇女、孩子站在古渡的河岸边，眼巴巴地望着滚滚的黄河水，期待着那一船上有自己的亲人。河曲城西门外的黄河渡口，成为河曲先民挥泪告别亲人奔走西口的历史见证。

第三章

历史足迹

时过境迁，我们可以通过历史遗留下的种种痕迹得知，旅蒙晋商走口外的大致路线是从山西中部和北部出发，一条向西，经杀虎口出关进入蒙古草原；一条向东，过大同，经张家口出关进入蒙古。不论走哪条路，首先都要穿过横亘在那里的长城关口。那么，对于这样的路线，当年的旅蒙晋商是如何作出自己的艰难选择，他们经过了怎样的两难境地，才逐渐踏寻出被世人所熟知的前往蒙古以及漠北地区的著名商路？更为关键的是，如今看来，这些路线所形成的最初交叉点是否正是当年旅蒙晋商最难作出抉择的地方？这些问题势必会引起很多人的关注。为了化解这些疑问，最好的方法就是重游当年旅蒙晋商的走西口线路。我们在其中的关键地理坐标之处，既体味到了旅蒙晋商当年的那份焦虑与怅然，也充分感受到他们在商路行进中的那份超然与洒脱。因为，正是这样的心情，才促使走西口的关键地理坐标变得更为明晰起来。

第一节　歧道地：两难抉择

山西人最早走西口，都是西出万里长城“雁门关”。雁门关，位于平均海拔1500米的太行山脉之中，它之所以得名，据说是因为这里位置太高，关城建好之后，空中飞的大雁也只能从城门洞中穿过去。一两百年前，走西口的山西人沿着崎岖的山路，翻越这些一眼望不到头的大山，为了能在春天到达草原，他们又往往必须选择在数九寒天就开始这种漫长的跋涉。

在这种条件下，山西人不但走了过去，而且是一代又一代地这样走过。固关是山西东北部的一座门户。通过固关关城的路，由厚重的青石铺成，由于往来人员车马川流不息，年长日久，甚至在这些青石上轧出了几寸深的车辙印。如果说，这些只是地理上的关口的话，那么翻过这里，走西口的山西人还要面对一座座心理上的关口。

关键词：抉择　希望

出雁门关往北不到一百公里，有个村子叫“歧道地”。“歧道”，顾名思义，道路就此分为两条：一条往北走官道村，经大同，过张家口关口，就到了内蒙古的北部草原，史称“东路”；一条是往西奔右玉县，过“杀虎口”就到了西北草原和包头方面，史称“西路”。虽然两条路最终都可以到达蒙古草原，但漫漫长途到底该往哪儿走呢？

对最初走口外的山西人来说，蒙古草原只寄托着他们模糊的希望。在那里他们到底能做什么？结果又会怎样？大家心里并不清楚。那些迫于无奈，咬着牙、忍着泪，从家里义无反顾地走出来的人们，面对眼前的选择开始犹豫了。

延伸阅读

雁门关：又名“西陉关”，在山西省代县县城西北雁门山腰，与宁武关、偏头关合称三关。关前两山对峙，其形如门，常有飞雁出于其间，故名。附近峰峦乱耸，中间有路盘曲，险要之极。历代均为戍守重地。

雁门关

当年，他们中的许多人，就站在这处叫“黄花梁”的山冈上，唱起那曲悲凉的歌。

如今，有山阴县歧道地的村民讲道：“他就没有把握，他就不知道该往哪头去，生意好生意坏，他就到这儿扔鞋板儿呀。把这个鞋一脱一扔，扔在哪边他就走哪边，好与坏他就走在那头儿。”这样的做法，不是听天由命，更像是一种赌博，和命运、和老天爷的一种赌博。赌注就是自己的一条命。

牛鼻子鞋

在走西口的年月里，有的人走到西口，往往不知道该走哪一条路，于是就把鞋一脱一扔，鞋子指向哪个方向就走哪条路……

当地村民回忆，当时这个不足10户人家的小村，是专为行人打尖小憩的地方，有数家车马大店和买卖商铺。来这里的驼队很多，而来自

晋商驼队在打尖

北方的土匪又经常袭击过往商队，所以，很多商队都雇了保镖。当时，这里还风行一种叫“花儿夹糕”的风味小吃，就是把当地一种叫糜子的作物，碾成米面，发酵后烙成饼，对折起来，中间夹一个小油糕制作而成。走得又饥又渴的人们，吃了这种离乡别土的小食，不知是酸？是甜？是苦？是辣？所以，当地还流传着这样一句俗语：“花儿夹糕，吃了后悔，不吃也后悔。”道出了走西口人犹豫不决的心理。

当然，他们未曾想到，两种选择都没有错，商路就这样被执着的晋商用自己宝贵的生命和汗水浇灌了出来。在以后漫长的岁月里，他们不仅在西口留下了家喻户晓的动人故事，一度创造出该地区的商业繁荣，而且还在东口充分奠定了自己在全国商界的地位。

第二节 杀虎口：追寻西口古道的繁华

“雁塞晓天鸦影淡，虎关春雪马蹄寒”的边陲重镇杀虎口，不仅是驰名饮誉的“塞北美关”，更是南北贸易的通衢要道。特殊的地理位置使得它成为蒙汉交易的集散地和旅蒙晋商的必经之地。年复一年，摩肩接踵、穿梭其间的商旅，成群结队、南来北往的骆驼，首尾相接进出关口的牛车马队，配以车辚辚、马萧萧的奏鸣曲，衬以虎踞雄关的自然风光，构成了一幅既壮观又充满诗情画意的旅蒙商人出塞图。

关键词：杀虎口　古道　繁华

一、西口古道重游

杀虎口有杀虎堡与平集堡两座城堡。杀虎堡于明嘉靖二十三年（1544年）筑成，平集堡于明万历十三年（1585年）筑成。如今，在平集堡东门外，有一座古桥——广义桥，在杀虎堡南门外，遗存一条顺治年间修筑的通向口外的约1公里的青石路——敞路坡，敞路坡尽头是通顺桥。当年，汉子们正是沿着广义桥——平集堡——杀虎堡——敞路坡——通顺桥的道路走出了口外。

关于广义桥，有一个有趣的传说：康熙西征凯旋，雄赳赳气昂昂地开进朔平府，要从堡南新建的石桥通过，但石桥只修了一半，各路工匠星夜赶工，桥堤砌好，却未合碹。然而，在工匠休息片刻之后，石桥已合碹，且于正梁合碹处，头冲东，尾朝西，横卧一条巨龙。康熙通过该桥，十分高兴，并当即赏银嘉奖修桥民工。后来，人们得知那苍龙隐藏于浑源峰藏龙洞，而浑源峰天元阁的玉皇大帝眼见石桥尚未合碹，便派苍龙予以相助。苍龙赶到工地，眼看大军即将过桥，便俯身卧于石桥中，大军安然从桥上通过。自此，这条苍龙再也没有回到藏龙洞，永远献身广义桥，为过路行人永世造福。

广义桥上的石雕

广义桥

平集堡的堡门保存完好，砖雕细致，栩栩生动。堡内一排排古旧排房，虽已斑驳，但整饰有序，衬着黄土堡的背景，依着曲折的长城，十分和谐。中间街道上，宽阔平坦，脚下石子垫道，古色古香。如今，堡内已经开始重修，堡内居民也所剩无几。

平集堡

杀虎堡

杀虎口的户部衙门，就设在杀虎堡（旧堡）与平集堡（新堡）之间的中关路北，这里地处两堡中间，是明代马市的贸易市场，也是杀虎堡的中枢地带。在杀虎口的八大衙门中，户部衙门位居首位，监督自然也就是八大衙门中地位最高的长官。他们过着锦衣玉食、奢华无度的生活。这样的“肥缺”，就连皇亲国戚也垂涎三尺，因此，他们的任期只能是一年一更换，更换的日期精确到日，一日也不能拖延。

敞路坡可谓杀虎口诸多历史遗迹中的精华，这条路承载了太多沉重的脚步，记录了太多憧憬和希望。走在这条罕见的古道之上，周围的世界好像立刻变得宁静许多，眼前随之浮现出一派真实的走西口影像。这条古道虽然由青石砌成，但其中很大一部分已经被先辈们的足迹打磨得光滑圆润，展现出像被流水长年冲刷一样的景象。

敞路坡

杀虎口的敞路坡由青石铺成，青草从石缝间顽强地长出来，形成了一条长达三百米的绿色古道。

通顺桥，顾名思义，应该是凡过桥的人企盼能够凡事通通顺顺。这里是当年走西口人的必经之地，他们的祈愿正是能够在走西口之后得到平安如意的生活。如今，看着桥上深浅不一的痕迹，我们完全感受到一种历史遗留下来的旷野气氛。

通顺桥

二、商贸日益繁荣

明代，为了防止元人复辟，朝廷采取了封禁政策，即不允许铜、铁、茶叶、丝绸等用品流出关外。明廷的这一政策可急坏了草原上的牧人，他们做饭煮奶没有锅，吃了肉食奶酪喝不上茶，久而久之就要生病。于是他们多次兵临边关要求通贡互市。对于是否需要通贡互市，明廷内部的争论也异常激烈。

有人主张，坚决不能开这个口子。如兵部郎中杨继盛就认为："夫开马市者，和议之别议也。"并同时陈述了十条不开的理由，"夫此事利于虏贼而不利于中国"。

主张开马市的有两种人。一种是以大同总兵仇鸾为代表的既得利益派，仇鸾通过开马市暗地捞取好处，因此他积极主张开马市。但由于仇鸾只管自己捞取好处，马市十分混乱，导致俺答率大军攻入关内，险入都城，自此嘉靖皇帝决定关闭马市。另一种是以后任宣大总督王崇古为代表的主张开马市的人，王崇古认为："朝廷若允许俺答通贡，诸边有数年之安。"同时阐述了通贡互市的八条意见。

杀虎堡边贸图

隆庆皇帝即位后，采纳了王崇古的意见，实行通贡，建立互市，杀虎口就是互市的一个重要市场。当时商定互市每年春秋各举行一次，先开官市，即贡市，后开民市。每逢市期，蒙方要举行那达慕大会，摔跤、射箭、赛马等。明方也要搭台唱戏。集市上，摊铺栉比，百货纷集，蒙古人用牲畜、皮毛等畜产品向内地商人换取丝绸、茶叶等生活用品及日用品。

明代诗人徐渭诗曰：

胡马南来汉市通，
边墙犹自匝墩烽。
折来何止三千里，
独处长蛇寸寸封。

清代，杀虎口随着吞吐货物的骤增而格外繁华，店铺作坊就应运而生。新、旧两堡商店林立，集市兴隆。日杂百货、副食糕点、钱行当铺、医药卫生、酒楼饭店鳞次栉比，白酒、陈醋、金银、木器、皮毛、米面加工等手工业作坊应有尽有，仅日杂、客店就有大小十余处。其中主要有专门接待“大盛魁”和新疆来往客商的元胜泰、进泰泉、义全长、晋泰店；有迎送蒙古客商并为其报税的德盛店、三义店、福泉店、崞县店；有专门贩卖京广杂货供市民购

沧桑的杀虎口古堡让人很难想象曾经的繁荣

买的明义全、三合义、玉成公、谦遂益、义全长等。至于其他类别的各种店铺，更是不胜枚举，难以尽述。看到商贾云集、南来北往的杀虎口，诗人洪亮写道：

谁跨明驼天半回，
传呼布鲁特人来。
牛羊十万鞭驱至，
三日城西路不开。

每年阴历三月二十八至四月初七是杀虎口一年一度热闹非凡的赶集庙会。山东、河北、山西、蒙古等四面八方的商人蜂聚关下，叫卖之声此起彼伏，不绝于耳，长城脚下栅子门外帐篷林立，驼马成群。蒙古牧民戴着各种千奇百怪的面具翩翩起舞，痛饮佳酿。在蒙古庙中，直径约一丈的大锅不间断地炖焖用以待客的全羊。蒙汉各族客商在行商之余，欣赏各路戏班通宵达旦的“义演”。

众多的来往客商使杀虎口显得格外狭小。虽然新、旧两堡的四街六巷巷巷建牌楼，街街为砖瓦大房，二楼高宅点缀其中，却还是难以消纳这芸芸众生，只得向堡外图谋发展，建有教场沟、城壕堰、营房街等，及至清代中期住户已达5000户，人口竟有50 000人。

19世纪40至60年代，中俄贸易重镇——恰克图市场被晋商所垄断。由于中国茶叶大受俄人欢迎以致宁要砖茶不要银钱，在任何地方都能以砖茶代替钱用，因此杀虎口商人和其他在恰克图的晋商贩运货物以茶叶为大宗，仅茶叶行庄就多达100余家。每年出口约值800万卢布的茶叶，换回各类皮毛山货。当时在以物易物的贸易中，俄商出口货值只有六七百万卢布，逆差较大，而政府又禁止白银外流。俄商为弥补贸易逆差，借沙皇允许银器出口之机，把从汉堡、莱茵河上的法兰克福输入的“汉堡银”加工成粗糙的银制“工艺品”输入，与晋商换取茶叶。双方对此心照不宣，谁都不把它当成“工艺品”，而是以白银的价值来对待、核算。

1858年，俄国开始允许以白银交易，恰克图贸易带有了买卖性质，大量白银因补偿贸易逆差而涌入晋商的银袋。这些辛苦所得一部分被输往张家口贩运货物，另一部分则被运回原籍。据说当时晋商为了运输安全把大量的零碎白银熔化，铸成重达千斤的巨大银锭，用特制的多轮车运回本省。这样，一则可以防止运送人员中途为白银所惑，小偷小摸；二则即使途遇出没无常的“骑匪”，也会因搬之不动而无可奈何，只好望银兴叹，摇首而去。故此，这种巨大银锭被晋商称之为“没奈何”。

银冬瓜又称“没奈何 ”

三、日进斗金斗银

所谓“日进斗金斗银”，还伴随了一个广为人知的传说。大清入主中原，平定“三藩”，收复台湾，可谓江山一统，天下太平，唯独西北一带准噶尔部藐视大清，伺机与之抗衡。为了试探大清国力虚实，准噶尔部的首领噶尔丹派了几个心腹扮作商人，来到杀虎口打探。

这几个人到了杀虎口关卡，假借入关贸易，便问守关将士：“大清在长城沿线驻有多少兵马？”

守关将士见来人形迹可疑，便回答说：“天上多少星，地上多少兵，要问有多少，谁也数不清。”

接着来人又问：“大清国库有多少金银？”

守关将士说：“大清国库有多少金银我说不清，光这杀虎口，每天白日进斗金，晚上进斗银。”

这几个密探把打探的情况报告了噶尔丹，从此，杀虎口日进斗金斗银之说就在北方地区流传开来。

虽然这仅是个朗朗上口的民间传说，却也可以窥见当时杀虎口的商贸发展程度。作为走西口的必经之地，作为汉蒙贸易的重要关口，贸易额的增加必然会使杀虎口税关的税收与日俱增。

四、山西第一税关

当然，白花花的银子具有诱人的魅力。历代统治者均把目光盯在税收多达“日进斗金斗银”的杀虎口这一经商必经咽喉。自清朝顺治年间设立税关以来，直至民国初期，这里一直是山西唯一的常关。该关征收西自陕西，东到张家口以西一带的进出口关税。

康熙年间，杀虎口的商人跟随康熙皇帝西征，大军远涉新疆、蒙古。康熙二十四年（1685 年）开放边禁、海禁后，这些商人进而到俄罗斯进行商贸活动。清中期，杀虎口成为中国北部最大的商埠。这时的杀虎口在口外设六局五卡，最多时设过八卡。

第一局在杀虎堡南门，即大关。在大同设得胜口局，在河曲设河保营局，在归化城设木税局，在包头城设牲畜局，在托克托设木税局，同时在左云又设宁鲁分卡，陕西府谷设黄甫川卡，朔平府设南门卡，杀虎口设马市卡。后来又在阳高的小村设分局，天镇的新平堡设置征收商税的监督衙门，管辖宁鲁口、归化、得胜口、新平口、朔平、西镇川、小村、西包头、河保营各分局和东镇川、托克托、黄甫川等税卡。

从最近在杀虎口发现的嘉庆十九年（1814 年）时任监督杀虎口税务的内务府郎中恒桂上报嘉庆皇帝的奏折中得知，“自嘉庆十八年九月二十二日起至十九年闰二月二十九日止，计六个月八日，征收税银二万三千二百五十两三钱八分五厘。臣恒桂自三月初一接收起至八月二十一日，计五个月二十一日，征收税银二万二千五百八十五两七钱五分二厘。前后统计，一年共征收过陆路货物正耗银两四万五千八百四十两一钱三分七厘”。

据有关资料考证，嘉庆中后期到道光、咸丰年间，杀虎口上缴户部的关税增到每年五六万两，最高上缴八万两之多。以此推算，杀虎口的年均总收入可达白银三十五六万两。清末，仅 1911 年甘鹏云出任杀虎口监督的 7 个月

杀虎口监督署遗址

中，征收税银就达 83 000 两，日均 395 两之多。当时曾流传着这样的说法：

东有张家口，西有杀虎口。

南有绍兴府，北有杀虎口。

先有杀虎关，后有绥远城。

在大清统治的两百多年间，全国 34 个户部常关，允许自己铸银锭的只有 6 个，杀虎口就是其中之一。有杀虎口铭文的银锭全部是 50 两，银匠署名李逢春、李万春，这些银锭主要是上缴国库，把平时税收的零散碎银铸成 50 两银锭，便于掌握成色和分量。

第三节 张家口：穿越大境门的记忆

如果考虑到山西的战略地位，它与塞外朔漠蒙古地区毗连，自古以来就是中原地区与北部边疆进行经济联系的交通要冲，那么，作为汉蒙贸易路线中的东口，自然少不了山西商人的足迹。虽说张家口被称之为“东口”，但穿越张家口的部分晋商却不仅向东北方向进军，最终也会汇入到草原腹地的重要商路之中。

关键词：张家口　八大皇商

一、八大皇商的殊荣

当时，在张家口控制其贸易的是来自山西的八家商人——王登库、靳良玉、

张家口大境门

范永斗、王大宇、梁嘉宾、田生兰、翟堂、黄云龙。明末时，他们进入张家口，直到满族统治者派人到张家口进行贸易活动时，还依旧主宰着当时的“马市”贸易。这样的成就为晋商后代的成长铺平了道路，奠定了坚实的基础。

由于不论怎么考虑，山西可能都是连通中原腹地与蒙古草原之间最短的一条通道。这一点，那些想在中国建立强大王朝的人都看得很清楚。所以，清朝皇室入关之前，在制定他们经略中原的战略时，就把山西作为必须控制的地区之一。他们认为“山东乃粮运之道，山西乃商贾之途，极宜招抚，若二省兵民归我版图，则财赋有出，国用不匮矣”。这些话不是说说而已，清兵一入关，顺治皇帝的屁股还没有在紫禁城的龙椅上坐稳，便马上召见了当时最有名的八位山西商人。“宴便殿，赐服饰”，又是请客，又是送礼，最后还把这些商人编入了由内务府管理的“御用皇商”行列。顺治皇帝超规格的礼遇，为清朝后几任的统治者换来了极大的回报。

雍正年间，朝廷调集九省大军，平定青海叛乱。清军深入草原后，由于补给线过长，军粮供应发生困难。正当朝廷上下一筹莫展之际，一个叫范毓馪的山西商人站出来说“这件事就交给我做吧”。范毓馪的爷爷，恰恰就是参加过顺治皇帝赐宴的八位皇商之一的范永斗。看来，一脉相承的晋商在通往东口的路途中已经形成了自己家族的商业积淀。

延伸阅读

大境门：建于清顺治元年（1644年），与山海关、居庸关、嘉峪关并称为万里长城“四大名关”。平定噶尔丹后，张家口两百多年来无战事，终于发展成为中国北方著名的陆路商埠，出现了著名的张库商道，这条商道的集散点就是大境门。张库商道南承京津，辐射湖广，北面一直延伸至恰克图乃至莫斯科，影响直达西亚和欧洲。当时，在长城脚下，大境门内外，店铺林立，牛、马、驼成群，各类货物堆积如山，张家口以此成为中国最大的茶叶出口基地和皮毛集散地，被誉为“陆路商埠”、“塞上皮都”。

范毓馪

二、张库大道的辉煌

据史料记载，1728至1762年间，俄国贸易商队自开辟恰克图口岸经库伦、张家口来京贸易的商路后，张家口买卖城便成为中国对俄贸易的集中点，众多俄国呢绒和各种绒布以及俄国出口的毛皮制品都是先运到张家口买卖城的货栈，然后批发给下堡，最后再运到中国本土其他地方。

雍正五年（1727年），清政府指定喜峰口、古北口、独石口、归化城、杀虎口和西宁等为出入蒙地经商的贸易孔道，凡赴外蒙古和漠西厄鲁特蒙古地区进行贸易的商贾须先向户部衙门或驻张家口的察哈尔都统、归化城将军、多伦诺尔同知、西宁办事大臣等提出申请，经审查合格后才给颁发准入蒙古指定范围贸易的“龙票”。这种“龙票”全部用满、蒙、汉三种文字书写，注明商号名称、掌柜姓名、赴蒙人数、货物品种、数量、活动、往返日期等内容。商家在到达指定地点后，需向当地政府声明并在其监督下展开各项贸易活动。

另外，清政府还明确规定：

汉族商人不准在蒙古地区建固定店铺房屋留居；不得携带家眷；不准与蒙古妇女通婚；不准任意闯入未经指定的蒙地进行贸易活动；凡经允许出塞的商人务必在一年内返回；凡有违犯上述规定者，按律处以罚金、没收货物、递

延伸阅读

凡进入蒙地贸易的商人，必须持有清政府颁发的信票（俗称“龙票”、“部票”、“路票”）。票的四周饰有龙纹，长约4尺，宽3尺。无票不准出入边口，沿途有官人稽查，如发现私行贸易，立即缉拿，货物一半充公，一半赏缉拿者，对私行商人驱逐回籍。持龙票者有政治和经济上的特权，上通朝廷，下连市廛，亦官亦商。

乔家大院

解原籍查办；情节严重者分别处以徒刑。

正是这些规定迫使旅蒙晋商如候鸟一般经张家口、杀虎口频繁往返于汉蒙旅途，并逐渐形成以张家口为枢纽的几条旅蒙商路：

第一，张家口—赛尔乌苏—库伦—恰克图；

第二，张家口—多伦诺尔—乌珠穆沁—海拉尔；

第三，张家口—归化城—漠西蒙古—乌里雅苏台；

第四，归化城—大同—张家口—北京；

第五，多伦诺尔—张家口—大同。

这些商路进一步突出了张家口作为旅蒙东口的重要战略地位。据《张库通商》记载，张家口对蒙古贸易的商号增加到 1600 多家，年贸易额达 1.5 亿两白银。张家口被称为“华北第二商埠”。张家口堡成为中外商贾聚集之地。

张家口堡的商号、票号、钱庄的投资人与经营者大都是晋商。著名的祁县乔家大院乔氏家族，在堡子里二道巷开办了宏茂票号。祁县的渠家也在张家口开设了茶店以及三晋源、百川通票号。太谷的曹家来张家口桥西经商，开设了锦泉涌、锦泰亨、锦泉兴票号、钱庄。张家口堡成为晋商招财进宝的聚集地，至 1923 年，张家口的票号、钱庄已多达 42 家。

由于清政府在张家口设关，凡是去恰克图和库伦等地贸易的商人都要在此纳税，每年税银可达四万余两。所以，张家口从 18 世纪中叶设置关卡征税后，便成为清朝国库收入的一个重要税源。

第四节　路线图之描绘

概而言之，走西口的主要是山西西北的保德、河曲和偏关三县，山西雁北地区的朔县、平鲁、左云、右玉、山阴等县，陕北的府谷、神木、榆林、横山、靖边、定边六县以及部分甘肃、河南的农民和工商业者。这些人带着现实中的无奈以及对于新生活的企盼，远离家乡，纷纷踏上了“走西口”之路。

关键词：路线

一、路线图之轮廓

就走西口的路线而言，内蒙古师范大学的韩巍副教授曾专门指出，其大体可分为两支：

一支是通过杀虎口首先进入和林格尔和清水河，然后到归化城土默特、包头等地，也有一部分到达鄂尔多斯达拉特旗、准噶尔、河套平原、后套及大青山后地区。走这条路线的人群主要来源于晋西北的保德、河曲、偏关，雁北朔县、平鲁、左云、右玉、山阴，晋北的代县、原平、忻州、定襄、五台，晋中的平遥、祁县、太谷、榆次等地。

乾隆三十一年（1766 年）左右，汉蒙商民进出关口的票证机关移至归化城，西口由此也北移至归化城。然而，官方依旧在杀虎口设税务监督，而归化城亦是通往蒙古的税务口岸，因此以往旅蒙商只在杀虎口一处缴纳关税，此时需在两处缴纳，无疑加重了商人的负担，提高了成本。在趋利心理的驱使下，他们开始逃避关税，试着从其他地区进入蒙古，这种现实最终也导致了山西人民走西口路线的多元化转变。

另一支则是出长城北上进入鄂尔多斯、河套平原等地，或自宁夏渡黄河

沙漠驼队

进入鄂尔多斯、河套平原。这支路线的走西口人群主要源于晋西北和陕北的神木、府谷、榆林、横山、靖边、定边一带以及甘肃等地。

二、路线图之坐标

以不同的出发地和行经区域作为划分标准，当年走西口移民潮的主要迁移路线已经被概括为“条条大路通罗马”，可见其当时的规模与势头。据《中国二人台艺术通典》记载，走西口共有八条路线，从西向东依次是：

路线一，花马池线。花马池，即今宁夏回族自治区盐池县。当地人出走口外，向北越过万里长城，沿黄河东岸到达陶乐。这些人最终会在黄河向北流经的冲积平原上从事垦荒，或向东进入鄂尔多斯诸旗。

路线二，神府线。陕西省榆林、横山、靖边、神木、府谷一带百姓走西口，须北出长城，走大路途经大柳塔、纳林，途经毛乌素沙漠，进入鄂尔多斯地区。如果这些人想要到达包头或后套地区，则须穿高原、跨黄河。

路线三，河保线。山西省河曲县与保德县百姓走西口，会选择河曲西门外的黄河古渡口上船。渡过黄河后，他们将进入十里长滩，而后北上。或于鄂尔多斯地区沿途定居，或再渡黄河，继续北上，到达包头、后套等地。

路线四，偏右线。山西省偏关、平鲁、右玉、左云等相邻各县百姓走西口，则要北上经过杀虎口，出蛮汉山到达内蒙古的清水河、和林格尔、凉城、托克托等地，继而北上过大青山，最终到达武川、固阳等地落脚。

路线五，雁门关线。山西省忻县、定襄县、宁武县、崞县、代县等地百姓走西口，则是北上雁门关，有大道可通行。一般经商者

黄河边的保德

多经此路，有驿站可通邮。

路线六，大同线。有不少走西口的人会选择从大同北出，经过丰镇县，进入察哈尔草原，最终多在丰镇、卓资山、商都、集宁等地落脚。

路线七，马市口线。河北省怀安县、阳原县，山西省天镇县及桑干河南岸等地百姓走口外，均北上马市口，穿过长城抵达兴和县，继而到达察哈尔右翼前旗、中旗、后旗以及河北省尚义县等地。

路线八，张家口线。经过张家口之大境门，继而北出坝上，抵达察哈尔草原，在今河北省张北县、尚义县、康保县以及内蒙古锡林郭勒盟诸旗和赤峰等地落脚。这条线路不仅是去往关东的路线，而且也是深入蒙古草原腹地，抵达库仑乃至莫斯科的重要中俄陆路贸易线路，故被称为是走西口民众的最东线。

延伸阅读

走西口的人大多为穷苦的农民、手工工匠或破落的小生意人，也有少数的小知识分子。大灾之年走西口的人多而杂，出去后做什么的都有，一切完全靠自己打拼。一些做得好的或发家致富的人留在了当地，也有一些“雁行客”，春天走西口打工、种粮食等，秋后收了粮食，拿着钱再回到家乡，往复来去。“走西口”虽说是穷人不得已的行为，其中却也不乏把小买卖做成大生意的成功例子，且逐渐形成了一些颇具规模的商业群体。有学者认为，清代山西外出经商者有130多万人，相当于当时山西人口的1/10。一些声名显赫的商人，在当初走西口时，大都还是一些小商贩，关口内外物资的相互需求，造就了这些生意人进行买卖的条件与机遇。而成功者的榜样，给更多的人带来了生活希望，从而进一步推动了“走西口”的浪潮。

三、路线图之商道

在具体迁移路线的基础上，走西口的旅蒙商人逐渐踏出了属于他们的相对固定的商道。太原师范大学王尚义教授曾从历史地理的角度对此进行过总结，并指出其中主要的三条商道：

第一条，经大同、张家口、乌兰察布、库伦、恰克图至俄国。这是最为便捷的国际商路，晋商在福建等地贩运茶叶大都稳定地由这里前往俄国，尤其在恰克图市场兴起之后，这条商道

的驼队、马帮运送不绝。

第二条，经归化城通往乌兰察布、伊克昭、阿拉善、额济纳、库伦、乌里雅苏台、唐努乌梁海、科布多、伊犁、塔尔巴哈台。这是西北方向通往新疆的北商道。晋商与新疆的贸易往来还经由西安、兰州、凉州、甘肃、哈密、吐鲁番到达乌鲁木齐等地。

第三条，经张家口、多伦诺尔，通往漠南锡林郭勒、察哈尔、昭乌达、呼伦贝尔、喀尔喀蒙古、东臣汗部、土谢图汗部。当然，这是一条通往东北方向的商路。

第四章

故事主体

古人云："无人千里好流浪。"在数百万为了生存而走西口的民众之中，汇集了各式各样的人群，其中主要包括流放犯人、垦荒种地的逃难者、商人以及流民等。"为了一张口，走遍天涯路"，他们栉风沐雨、跋山涉水地去探寻属于他们自己的生命绿洲。毋庸置疑，"走西口"的确可以被称作是一部充满艰辛的苦难史。但是，不可否认的是，在整个走西口的移民潮中，仍然存在为当时大部分移民乃至世人所艳羡的一个群体——旅蒙商，正是他们的存在，促使走西口的商道异常络绎不绝。以晋商为主体的旅蒙商，借助宏观环境的影响，凭借自身敏锐的商业观察力和锲而不舍的执着信念，在明清时期北部边疆打造出了属于自己的商业帝国。他们的出现，对于中国北部边疆商业经济的发展乃至社会文化生活的进步都起到了不可估量的积极作用。时至今日，回望当时旅蒙晋商中的佼佼者，我们不仅为他们创造的丰厚基业所震撼，似乎也从他们的成长历程中得到些许宝贵的借鉴与启示。

第一节　叫绝北疆“大盛魁”

康熙年间，为确保西征大军后勤供给的畅通无阻，清政府安排从杀虎口起到前线，每百里设一台站。从此，杀虎口这个贸易中心点更加繁荣起来，成为与张家口齐名的北方最大的商埠。那么，旅蒙晋商又是如何利用这一契机，走出塞外、走出国门，走向富有、走向繁荣的呢？

关键词：大盛魁

一、从“吉盛堂”到“大盛魁”

根据《北征督运图》记载，康熙皇帝曾指示，负责西征的督运官可以任意选择地方官与精壮的差役一同随大军西征。《旅蒙商大盛魁》再次印证：“康

北征督运图

杀虎口的康熙亲征雕塑

延伸阅读

北征督运图：由多幅画面缀成的图册，画于康熙三十六年（1697 年）秋，清朝在平定准噶尔部噶尔丹反动贵族叛乱中，向喀尔喀蒙古克鲁伦河和翁金河前线两次给平叛大军运输军粮的情景。清康熙三十五年（1696 年），新疆准噶尔贵族噶尔丹发动了分裂祖国的叛乱。晋商范毓馪兄弟三次自费办粮以应军需，随军辗转万里大漠，十几年间运送粮秣 100 余万石，节约国库运费 600 多万两白银，而且是尽职尽责，克期必至。山西商人在为维护国家统一作出贡献的同时，也为晋商赢得了信任和发展的机会。

熙年间，费扬古部队在杀虎口驻防时，大盛魁的创始人王相卿、张杰和史大学等，在费扬古的军队中当厨夫或服杂役。同时，也为费扬古部队采购一些生活日用品。当然，得便时候，也采集一些蘑菇之类的东西，挑到归化城出卖。由于他们经常出入边关的集市，特别是为费扬古部队采买食用牛羊，同蒙古人进行交易，因而逐渐学会了简单的蒙语，懂得了一些蒙古人的礼仪和生活习惯以及相互交易的一些方法。”

正是由于这些特长，在康熙统率下，费扬古部队进入乌里雅苏台和科布多的时候，王相卿、张杰和史大学等也以负贩小商的面貌，肩挑着货物随军前往，做随营贸易生意。

入蒙初期，三人凭着微薄的资金，采办些细小的生活用品，挑担而行，

大盛魁旧址院内

沿街叫卖，蒙古人称之为“丹庆门”，也就是现今的货郎担。虽然备尝艰辛，却仍旧难以温饱，更谈不上发家致富了。清军征服噶尔丹后，便移驻大青山后的武川，而部队的供给仍靠原驻地山西右玉县杀虎口运送。王、张、史三人随之也来到杀虎口镇落下脚，一改过去游商小贩的做法，支起一块“吉盛堂”的招牌，干起了坐地行商的买卖。不久，便以他们三个人为主体，结合杀虎口的几个人，形成了合伙的集体小商伙，以“吉盛堂”为堂名，初具商号的雏形。

当康熙平叛噶尔丹胜利后，原驻扎右玉的大将军费扬古、王昌奉命移驻归化城，从咸丰四年（1854 年）起，原驻扎杀虎口的户部抽分署、协镇署、驿传道署移到归化城，“吉盛堂”也随之迁到归化城，重新挂牌命名为“大盛魁”。

二、“财神股”的设立

在明清，科学还未普及，这就给某种事物涂上一层神秘的色彩，往往能够达到人力所不及的作用。在中国的传统社会中，老百姓天不怕地不怕，爹娘祖先不怕，皇帝老子不怕的人也不少见，而真正不怕神灵的人则极少。实际，对所有人世间的力量都可以用更强的力量去抗衡，抗之不胜，则可逃避，唯有神灵是不可战胜的力量，而且也是更重要的，对之无法逃避。

据说，虽然王相卿、张杰和史大学三人已有了一处“吉盛堂”的门面，但他们却总为资金匮乏、难以周转，无法扩大经营、生意清淡而苦恼，一年到头别说有些盈余，甚至连食用也难以赚回。面对此境，三人大为失望，意欲收摊回家。岂料“财神”从天而降……

除夕之夜，家家户户张灯结彩，到处弥漫着过年的气氛。这三个年轻人心里特别苦闷，却也不敢忘记内地过年的传统。他们没钱买面买肉包饺子，就熬了一锅稀饭，也图个其乐融融。正在这时，一个蒙古人踉跄地进了商行的门，三个人招待他喝了一碗稀饭。这个蒙古人喝完后把行李放下转身就走，说要去拜会朋友，一两天就回来取行李，谁知一去就没了消息。

三个人把这个行李放在库房不动，每到年关的时候，就贴上一个封条，和其他的杂货放在一起。隔了好多年没人来取。有一年春天，三人将包袱打开一看，内有纹银五百两，他们惊喜不已，遂将五百两纹银借做资本。从此，“吉盛堂”日渐兴隆，经营不断扩大，实力也日渐雄厚起来。“吉盛堂”于康熙末年改名“大盛魁”。

◎ 福禄财神牌位

民国时期，北京晋商博物馆收藏，山西收集。晋商当铺期盼财源茂盛、福禄双至，普遍供奉福禄财神的神牌。

大盛魁的一家钱庄旧址

开始发迹的史、张、王三人致富不忘本，把当时的五百两纹银作为原始股，将喇嘛神奉为大盛魁的“财神”，世代供祀。因此，大盛魁的股本中也就增加了一个有别于一般商号的“财神股”。

三、“狗股”之美谈

作为一家商号，“大盛魁”及时掌握着北京、天津、上海、汉口等重要商埠的市场信息和货物供给情况。作为资本数千万两白银的商业帝国，其店铺遍及大半个中国，其商业大厦之所以能够在和对手的竞争上屡屡得手，“信狗”起了无法估量的作用——这也正是“大盛魁”的通信秘密。

传说，康熙西征平息噶尔丹叛乱，“大盛魁”的初创者跟随其负责后勤供给。有一次忽然被叛匪劫走粮草，粮草不能及时补给，前方军队被困大漠，情况十分危急。商队没有办法，就在他们带领的狗中挑了一只平日训练十分听话的狗，在其脖绊中写了“粮草被劫，速来增援”的信函，让其速速原道返回，送达家中主人。没几日，这只狗回到杀虎口家中。主人十分惊讶，以为商队在途中发生意外，但狗只是用头滚动主人。当主人为其解下脖绊一看，里面竟藏着十分重要的急信，急忙通报负责后勤供给的官员，立即组织增援，保障了军队的后勤供给。所以当大军凯旋时，就为这只狗颁奖庆功。

另外，还有一种说法是康熙六十一年（1722年）十一月，康熙帝驾崩，全国各地为他举行送葬礼，蒙古四十九旗各部王爷为感激康熙帝平息噶尔丹，使他们过上安定生活，所有蒙古族人都身穿白丧服，因而白布极缺。身在蒙古经商的大盛魁店员要将此消息传到归化城，但时为冬季，且路程遥远，骑快马也要跑一个月，经大家商量，决定让经常随驼队来往蒙古的猛犬巨獒回去送信。

这只巨獒十分凶猛，为防止途中巨獒遭其他兽类攻击，身在蒙古的大盛魁店员给巨獒戴上了护圈，就是在巨獒脖子上戴有狼牙钉子的项圈，将书信用油布包好绑在巨獒腹下。将巨獒放出后，它日夜兼程，饿了捉野兔充饥，渴了啃积雪，不到20天就回来了。大盛魁店员解下巨獒身上的书信，一看，便明白了一切。于是，立即派出大批人马四处收购白布，组织驼队，以最快速度将白布送到蒙古各地，仅此一项，就获得了巨额利润。

“大盛魁”为了纪念这次生意的成功，奖励巨獒，给它顶二厘五的身股，并派专人喂养它，人吃什么，也喂它什么。后来，当地流传这样一句民谣：“你别兴，你别斗，你还不如大盛魁的一条狗。”以此来讽刺那些倚仗财大气粗者欺负老百姓的人。

在“大盛魁”狗的地位很高，老板爱狗，员工爱狗，凡养狗者均记红股，每条狗可记一厘或二厘参与分红。“大盛魁”正常的年份，均养狗800至1000条，每养狗到1000条时，就给狗唱一台戏，这也就是“一千条狗一台戏”。

四、独占大漠鳌头

初期，“大盛魁”经营的商品极不固定，上至绸缎，下至葱蒜，无所不包。随着资本积累的逐步增加，其经营的范围固定下来，大致可分为四部分，印票、日用百货、牲畜皮毛、药材等，其中以印票为主。它的放账业务以蒙古王公、官员和富裕阶层为主。在清代捐官制度下，蒙古王公贵族往往要买官晋爵，以至几乎所有的上层人物都是“大盛魁”的债务人。“大盛魁”也因此密切了与蒙古王公贵族的关系，得到政治上的支持，他们两相得利，互为利用。所以，“大盛魁”的债务一般人是不敢不还的。

“大盛魁”的汇兑业务遍及全国各大商埠，在总号之下，分设不同经营项目的小号。它只需通过自己的银号、票号、钱庄供货、存放、汇兑以融通资金，就可以从全国各地进货，再通过中转点，行销于蒙古草原、新疆、西藏和俄罗斯，再从那里运回当地特产，转销内地。这时的售货方式，已不再是沿街叫卖或坐地行商，而是利用庞大的骆驼队在草原上流动贸易。

“大盛魁”的贸易活动范围也越出了草原，乃至省界和国界：西到甘肃、宁夏、新疆；西北至乌里雅苏台、科布多；北至库伦、恰克图，甚至经营出口贸易，远至莫斯科；东至张家口、北京、天津、多伦诺尔地区；南至两湖和广东各省。其分支机构也遍及全国各省重要城镇。光是茶叶贸易，“大盛魁”的经营网络就包括华中、华北、大漠南北、新疆乃至俄罗斯。“大盛魁”职工自豪地说：“一年三百六十天，天天路上有骆驼。”其商品贸易额在归化城的贸易总额中也占有相当大的比重。据说，“大盛魁”每年交给归化城关的入口税就占归化城关税收的百分之四十。归化城市场上的几种重要商品，都由“大盛魁”来做开盘行市，如果“大盛魁”的货物没有运进来就必须推迟开盘。由此可见，“大盛魁”商号和归化城贸易互相依存、密不可分。

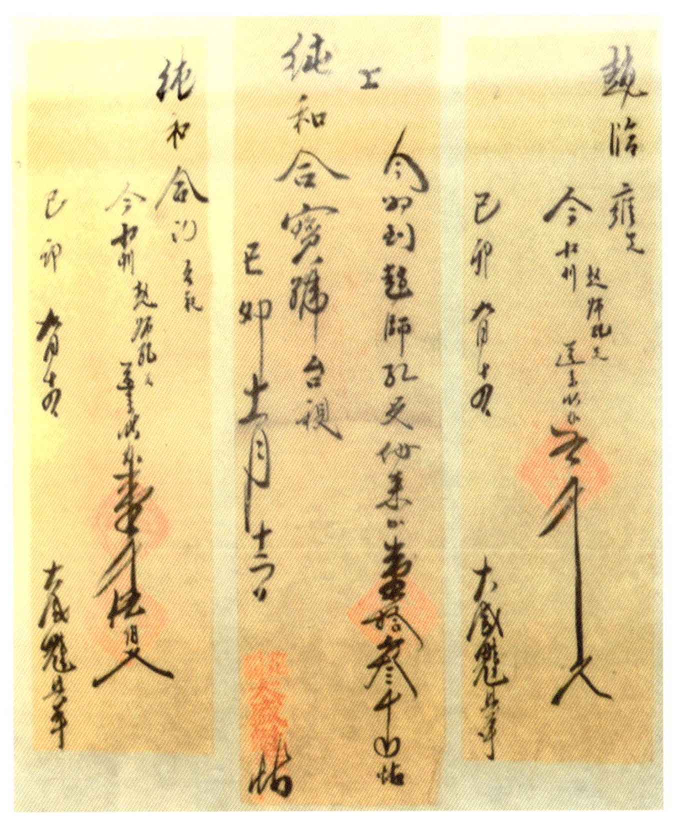

大盛魁商号对账单

“大盛魁”的经营规模一直很大。美国学者艾梅霞女士在《茶叶之路》中描述到，任何时候“大盛魁”都有 10 到 15 个骆驼商队在路上。从呼和浩特派出的主房能够容纳大约 40 人，叫做“大房子”，他的货物和生意都是由总柜来安排的。一般来说，一个“大房子”包括 14 个骆驼“把子”，每个“把子”有 14 峰骆驼，也就是说，一个“大房子”有 14 乘以 14 也就是 196 峰骆驼。也就是说，“大盛魁”所经营的每一个“大房子”，骆驼和马匹总数在 200 左右。在任何时候，“大盛魁”都有 15 个左右的“大房子”在经营买卖，即将近 3 000 峰骆驼在路上。“大房子”被分成若干个小“房子”或帐篷，而这些“房子”或者帐篷的大小有三个标准等级。“大房子”能容纳 40 人左右饮食起居，中等的“房子”可以容纳 30 人左右，最小的“房子”可以容纳 17 至 20 人。14 峰骆驼的“把子”是最小单位，由“小房子”管理。“房子”的掌柜根据不同

（1）“大盛魁”旅蒙贸易根据草原人居住分散的特点，组成了人称“货房子”的骆驼商队，走串蒙古族居住点及散居的毡房流动做买卖。

（2）春夏之交，晋商载货到蒙古牧民住地，把商品赊销给牧民，折合牲畜及皮毛数量，先不收取。

（3）秋冬之际牲畜膘肥体壮时，商人骑着马，拿着账簿到蒙民住地收取牲畜皮毛畜产品。

（4）旅蒙晋商向蒙民发放一种盖有商号印记的“钱帖”，来年再到达时，牧民凭钱帖向商人选购所需的商品。

地区人口和需要，来决定用一个、两个还是三个、四个骆驼“把子”。

晚清之际，“大盛魁”的发展已到了鼎盛时期。人员发展到 61 700 余人，遍及国内外，其资金雄厚占据首位。据马鹤天著的《内外蒙古考察日记》中记载，在外蒙古革命前，“大盛魁”有资金 30 余万两。当时有人比喻说：“大盛魁的资金用 50 两重的银元宝从库伦一个挨一个一直排到北京城，可以拉出一条全长 2800 余里的银元宝线来。”号内骆驼两万峰，其分号的资本也已发展到了十万、百万，形成了集商业、手工业和金融业于一体的具有子母公司性质的独特商业系统。它雄踞塞外，独霸一方，成为罕见的商业、金融业发展中的垄断企业。

虽说已是财富千万的巨号，但“大盛魁”的掌柜们却始终不忘创业时的艰辛，非常重视职工的传统教育。每有新职工入号，掌柜都要带着到财神庙内参观先人创业时的遗物，睹物思情，言传身教，勉励后人发扬艰苦奋斗的传统。每到大年除夕，掌柜因伙计们一年辛苦，都要设宴犒劳一番。山珍海味，老窖佳酿自不必说，但在美馔珍馐之后，必有一道小米稀粥，告诫人们，吃甜忆苦，不忘当初。

经过几代人的苦心经营，“大盛魁”形成了一套较为系统的管理规章。号内业务的来往信函悉用暗语问答，看上去只是寒暄问候、谈天说地、气候冷暖，而掌柜们则一目了然，掌握了行情。遇有要事，则非掌柜亲自口述不行。伙计是不得向掌柜送礼的，即使闲暇无聊，也不准相互串门。至于嫖赌和吸食鸦片更在禁止之列，如遇打架斗殴、挑拨是非、结伙营私、不服调配者，一律开除出号，再不录用。就是财东也要受号规的约束，一般不得在号内随意食宿或支取钱款，干涉号内事物，只有到结账时方可行使其权利。掌柜和财东之间所有权和经营权两相分离，这也是“大盛魁”成功的秘诀之一。

“大盛魁”的掌柜们在蒙古经商数十年，对蒙古牧民的消费心理和生活习俗可以说非常熟悉。其分号、支店的流动售货小组，常年游串蒙古包，做零星买卖，有的在某地区或某一旗经营几年，甚至几十年。蒙古牧民素来为人朴实豪爽，但不善算术，购物时常以方便实用为需求标准。因此，商人们便依蒙人体格状况，将布料分割成不同尺寸的蒙古袍料，任由选购。每到冬至还制作大批的白面饺子冷冻运往蒙古包销售，以作节日的应时商品，颇受蒙古牧民欢迎。蒙古牧民居住分散，遇有病痛往往缺医

“大盛魁”掌柜

少药，很难及时得到诊治。掌柜们便按蒙医惯用的药包，按药方分为 72 味、48 味、36 味、24 味四种，注明药名和效用分包出售，而且掌柜和伙计们都粗懂医术，会些针灸，能为蒙民医治些轻伤小病，因而颇得对方好感。

蒙民从事畜牧业，季节性强，购物时常常不能当下付款，掌柜便以高利率借贷赊销，规定两年还清，年利为 50%，若三年还清，年利为 70%。到时牧民用牲畜、皮毛、药材等抵偿债款。而商人们乘机压低作价，进行盘剥。这种借贷赊销的方式，虽加重了剥削，但也方便了牧民生活，在由王公开具的借贷印票上写着“父债子还，夫债妻还。死亡绝后，由旗公还”。因此，蒙民所欠债务一般是不敢倒账的。

“大盛魁”号在蒙古延续两百多年，其经营项目可以说凡蒙民生活用品，应有尽有，保质保量，以致蒙民对“大盛魁”的货深信不疑。相传，有人在买“大盛魁”的鞋时，对鞋底夹层表示怀疑，掌柜便让伙计拿斧子将鞋砍为两段，示于众人，鉴别真伪，借以使蒙民信服。

“大盛魁”的掌柜们把这套经验都一一传授给了后人。每有新学徒入号，都要先送到外蒙古科布多接受训练，从业务管理到专业用语都系统教授，并聘请教师教授蒙语、哈萨克语和俄语，然后分配到各分号跟着师傅学徒。这样既提高了号内职工的业务素质，又使“大盛魁”的业务后继有人。

1840 年，鸦片战争的炮火打开了中国的大门。洋商洋货潮水般地涌入了中国市场，而白银也似江水一样源源不断地流入侵略者的钱袋。随着一个个不平等条约的签订，帝国主义侵略的魔爪不断向内地、边疆伸展。这时的蒙古草原已不再是“大盛魁”独家占有的市场，而是帝国主义之间以及中外商人“角斗”的战场。他们雇佣买办，低价收购兽皮、绒毛等，运往国外高价出售，获利丰厚。

到了咸丰时期，“大盛魁”的掌柜们也开始了对外贸易的尝试。

当时主要是对俄贸易，向俄国出售砖茶、兽皮和绒毛等，再从俄国进口哈喇、毕图俄、羽翎缎、羽毛纱、呢子、毛毯、钟表等。进口的货物大部分是由归化城里“大盛魁”的小号“天顺泰”的“哈喇庄”出售。由于经营数额巨大，组织得力，所以成本较低，利润较大，从而增强了掌柜们扩大对外贸易的信心。

五、风雨飘摇中的挣扎

自《天津条约》签订后，德国的德华洋行、隆昌洋行，美国的慎昌洋行、美丰公司等在张家口和归化先后设立了分支机构和代理人，大量采购皮毛，运往天津出口，赚取巨额利润。见此，“大盛魁”掌柜们艳羡不已，跃跃欲试，也在天津设立机构，图谋办理直接出口业务。

过去每年经“大盛魁”收购的羊毛达八百余万斤，驼毛五百余万斤，羊皮一百余万张，以及各种珍贵皮毛等数万数十万不等。但一经牙纪作价，售与外国洋行，便受盘剥，获利微薄。

“大盛魁”掌柜 1921 年投资白银 7 万两，在天津开设了盛记毛庄，试图以此打开局面，在国际市场上经营皮毛出口业务。可惜时运不济，时值第一次世界大战刚结束，各国正在医治战争创伤，生产和贸易尚未恢复正常，天津外贸市场一片萧条景象。再者由于掌柜们不熟悉国际市场动态，信息不灵，难以挤入出口商的行列。这样一来，货物积压，栈租和保险费却要照交，亏损日增，只得败退下来。

到了民国时期，“大盛魁”开始由极盛走向衰败。早在晚清时期，帝国主义开始了对我国的军事入侵和经济掠夺。沙俄乘机扩大对我国蒙古、新疆和东北地区的侵略活动，俄商也随之渗入各地，进行商业活动，并倚仗侵略者的势力，享有诸多特权，从而迫使“大盛魁”的市场日趋缩小，业务一天天衰落下来。此时的“大盛魁”外观看去仍颇有气势，依然得到统治者的器重，但已是外强中干了。袁世凯曾以大总统名义馈赠当时的经理段履庄一面书有“拱卫绥远”的木质横匾，阎锡山也以“开发西北的钥匙”称赞“大盛魁”，然而统治者的器重和赞颂都未能挽救其颓势。

十月革命前，随着俄商涌入蒙古、新疆和东北，俄钞也大量流入，仅外蒙就达7000万卢布，其中大多数为“大盛魁”所掌握。十月革命胜利后，俄钞顷刻贬值，一落千丈，变为废纸，“大盛魁”在俄境内的商业资本也悉被没收，从此“大盛魁”一蹶不振。1921年外蒙古再次宣告独立，并在苏联的帮助下于1924年成立了蒙古人民共和国。与此同时，下令全蒙各地凡欠“大盛魁”债务者，一概不许偿还，并没收“大盛魁”在蒙的资产。这时，“大盛魁”的债权几乎全在外蒙古，仅科布多一处就有15 000千峰骆驼，2万多匹马，20万只羊的债权。眼看财产被夺，债权丧失，贸易中断，掌柜们虽痛心不已，但无回天之力。社会各界倍加关注，绥远总商会也呈请省政府将该号存货和财产以及所经营的电灯公司由政府保管抵债，借以继续维持营业。但事实上，这也无济于事。就这样自清康熙年间成立，到1928年10月历经230年的晋商旅蒙第一号——“大盛魁”宣告破产。

第二节 雄踞包头之著名商铺

“先有复盛公，后有包头城”，这是在祁县广为人知的一句民谚。显而易见，作为内蒙古的西部边陲，包头由村落发展成为市镇，其中就有像“复盛公”这样的历史见证者。有清一代，山西“走西口”至口外包头的群众成千上万，其中雄踞包头商帮之首的几大晋商商铺，持续时间长，资产雄厚，且为老百姓所熟知，创造了西口“晋商”文化的辉煌。

关键词：包头 商铺

山西祁县乔家大院在中堂匾

一、“复”字号领跑包头商业

乾隆二年（1737 年），山西祁县乔家堡村乔贵发“走西口”在萨拉齐老官营村落脚。后移居隶属昆都仑的西脑包。昆都仑河故道是旅蒙商必经之路，乔贵发审时度势与秦姓共同开办了草料铺，买卖兴隆从而有了原始积累。包头村东街形成后，乾隆二十年（1755 年）又移居东街开设“广盛公”，经营粮食、杂货等。嘉庆年间，乔贵发已资产殷实。嘉庆十八年（1813 年），一借钱契约就记载有巴氏家族伙计借“广盛公”45 千文。嘉庆二十三年（1818 年），“广盛公”改名“复盛公”。

乔家先后独资增设了与“复盛公”经营业务相同的“复盛全”、“复盛西”、“复盛协”、“复盛锦”、“复盛兴”、“复盛河”、“复盛菜园”、“复盛油坊”等一大批商号，形成一个实力雄厚、规模庞大的商业网络。在包头仅“复盛公”、“复盛全”、“复盛西”三大商号就有十几个门面，四五百职工。由于乔家“在中堂”的商号名称都以“复”字为头，人们便把它们统称为“复字号”。

乔家“复字号”在包头有 20 余处铺院，数千间房产。主要经营钱当行和六陈行，设有钱庄、文铺、衣铺、粮油铺、碾坊、油坊、磨坊、缸坊（制酒）等。从“复盛公”留存的账簿来看，光绪年间一摞日记的流水账记有“当记收钱 1 006 177 文”，“前柜收钱 809 500 文”，“广顺恒收钱 100 千文”等。此外，“复盛公”三年一结账，一次乔家就曾分得万两白银，足见其经营之规模。

乔致庸画像

乔家世代坐镇乔家堡，乔贵发三个儿子的堂名为“德兴堂”、“宁守堂”、“在中堂”。“在中堂”乔致庸创造了乔家的极盛，占地 8 724.8 平方米的祁县乔家大院是“在中堂”在包头积累财富的象征。

二、甘草行西碾房

嘉庆年间，山西保德人王蕊到口外，在今鄂尔多斯市达拉特旗黄和硕召做佣工卖苦力。王蕊为人老实厚道，得到黄和硕召的信任，于是将东至蒲圪卜，西至红亥补拉，南至北梁，北至黄河的蟮召地租予王蕊。后来，王蕊的儿子王天生又承租梅力更召的特拉亥苇地，并在昭君坟不远的地方安下伙房，盖起碾房，称之为西碾房。王家一面种地，一面收购甘草，运往河镇。先后成立“中和西”、“西万成”、“万兴西”、“再成西”、“全成西”等收甘草的分号。

甘草

收甘草是一本万利。掏甘草称掏根子，工具只是一把铁锹，每天只发给掏根子的口粮，然后按挖的根数开出帖子，年终到包头城的“复生原”茶馆凭帖取钱。掏根子的人收入甚微，俗称“出杭盖掏根子，自打墓坑”。而运出去每百斤价约八两白银。达拉特旗每年产约250万斤甘草，主要是由西碾房收购，可见利润有多少。每年收甘草季节，王家不到河口镇，草价就不能开市。王家世居包头西滩，老百姓称“西滩王家”。

提到挖甘草，就不得不说在西碾房的光环之下，蕴含了无数走西口人的艰辛。山西保德人到口外谋生的主要营生正是掏根子，也就是人们常说的挖甘草。甘草是药中之王，在诸多的谋生手段中，掏根子成为保德人生存的主要经济来源。随着时光的流逝，后来便有了“哪里有甘草，哪里就有保德人”的说法。为了这些甘草，无数掏根子的保德人消失在了茫茫的沙漠中，再也没有回家。年近八旬的王文虎老人在接受相关媒体采访时曾表示，他小时候因为家乡遭灾，庄稼颗粒无收，于是跟随爷爷和父亲走西口到鄂尔多斯市杭锦旗挖根子（甘草）。说到动情处，老人还唱起了当地的民歌——《远行》：

苦菜开花点点黄，提起走西口好凄惶；
十月的狐子冰滩上卧，提起走西口心难过。
……
人人都说走西口好，走西口的苦难谁知道，
人人都说走西口好，一有闪失把命丢。
青石盘上栽葱扎不下根，十七上跑口外到如今。
府谷县过来沙圪堵走，黄河上坐船我走西口。

人在外头心在家，家里头丢下一枝花，
翻过坝梁入了沙，心上难活想起了家；
我在口外你在家，千里路上想你拉不上话。
西口路上山连山，想亲人想得浑身软。

千盘万算好难活，我这无根沙蓬往哪里落；
九十月的沙蓬无根草，刮到哪达儿哪达儿好。

杭盖梁海留兔，妹妹不在不好住，
烧哈苜儿焖干饭，手心扎个稀巴烂，
上了包头没营干，背上铺盖进后山，
进了后山去打短，想起妹妹好心酸。
进了后山割麦子，手上崩开血裂子，
石拐沟背炭压了胯，挣不下银钱回不了家。
手中没钱回不了家，再到杭盖梁掏根子吧。

掏根子要小心，天天起来打墓坑。
离开杭盖梁慢慢想，再到蒿塔梁放冬羊，
西山嘴来卧羊台，珊瑚河水大折回来，
跑前山串后山，挣下银钱往回返。
走包头绕石拐，思想起妹子折回来。
……

在这首民歌里，提到了内蒙古的沙圪堵、坝梁、杭盖梁等十多个地名，走西口的艰辛不言而喻。

三、粮油行田油坊

道光年间，山西河曲董家庄田开生、田开成兄弟俩“走西口”至乌拉口，靠做木制农具为生，后移居包头村附近的二道沙河村租田耕种。田开生之子田成仁在王家圪旦给王羊羔做长工时，干活勤快，为人憨厚，于是王羊羔将自己的女儿许配给他。田成仁在岳父的帮助下买了 70 亩地，办起了油坊，自此便有“田油坊”之称。

“田油坊”先后在黄草洼、前喜子、四道沙河、毛凤章营购买土地 1700 余亩，每年雇长短工达120余人，还在包头开设“复顺恒”、“复顺泉”、“复顺长”、“复顺久”、“复顺兴”、“复顺成”、“复顺源”等油坊。田家油坊规模大，有6个大油柜，能存3万斤油。此外，田家有惊人的商业头脑，首创包头第一条步行街“川行店”，街长400余米，北通草市街，南达前街，大小套院6处，东西两旁为商铺22户。该条步行街的创建颇能显示出田油坊的智慧：

其一，“川行店”连接两条商业街。乾隆年间，包头形成最早的商业街东街（后称东门大街、关帝庙街），车水马龙，商店毗立，有包头最古老的商号“如月号”、“复盛公”、“复盛西”等。后形成车市街、草市街、炭市街与东街相连。还有南北通道瓦窑沟、榆树沟。清末民初，连东门大街西南方向形成新的商业街前街。“川行店”在东门大街和前街正中南北相连，把两条商业街连通，实在是高明远见。

其二，坐商和摊商交错而设。“川行店”院内有独院商号，大盛川票号、谦慎石印局、复兴棉布庄、德和公鞍毡铺等。还有坐商永升斋鞋店、老三顺鞋店、华商石印局、阳高成衣铺、全顺成服装店、宏泰成估衣店、梁记修表铺、义记糖果糕点店、天诚信五金刀剪行、天元楼首饰店、郭记五金铺、复兴和百货店、恒大号百货店、吴记小百货店、曹记宏兴瓷器庄、吴记杂货店、义聚和杂货店、永发成杂货店、永发厚杂货店、穗铭号绸缎店、裕康号绸缎店、福成布庄、聚兴和杂货店、福康号布庄等。而摊商则见缝插针，同时在“川行店”正中有一段盖顶的摊商摊位，沿行人路两旁摆着约半米见方玻璃薄柜，内放针线、头绳、绒花等小商品，收摊时一摞就可以拿走，没有柜台之隔，人们可以自由挑选。

其三，娱乐和经商结合。在“川行店”内有一露天场地。民间艺人就在空地摆摊献艺。著名的有孙小辫耍把戏（杂技）；有传统戏法“仙人摘豆”、“二仙传道”、“布人借米”、“萝圈取物”等；还有气功，将一健身球大小的铁球吞入肚内，再从口中插入一尺长的短剑，看后让人惊奇，也让人心酸；还有退伍军人大背头说唱莲花落（快板）；每天还有人摆摊测字算命。娱乐带来众多看热闹的人，也带来不少顾客。

步行街的三分之一是田家修建的店铺，三分之二是出租地盘自建，田家每月收取租金，最多时每月能收 50 两白银，相当于一个大元宝。回族糕点铺的账簿中就记有一次“田油坊取羊烛 20 斤”。然而，时至今日，这条包头步行街已经在拆迁中片瓦无存，只留下众多账簿、绘画、墙围画等，成为时代的印记。

第三节　驻足京城“都一处”

旅蒙晋商艰苦创业经营致富，对数千年“重本抑末”政策的桎梏以及“君子喻于义，小人喻于利”的传统观念展开了勇敢的挑战。他们为中国商品经济的发展弹奏出一曲曲下里巴人的清新乐章。其实，岂止旅蒙晋商，那些足迹遍天下、谋生走四方的创业者们何尝不是如此！我们仅在京畿辅地，小到菜摊、饭铺、酱园，大至票号、钱庄都可寻觅到山西人的踪迹，我们从“都一处”源远流长的创业史可窥见一斑。

关键词：京城　都一处

一、京都谋生

早在清雍、乾之际，山西一个李姓青年到北京投亲谋生，经同乡作保在肉市醉葫芦酒店学徒。三年多的学徒生活使这位颇有心计又有人缘的年轻店小二练就了腿脚勤快、热情待客和制作各种小菜的本领。三年期满辞职出号后，他东借西凑，图谋自立门户。

乾隆三年（1738 年），年轻小伙儿借助亲朋好友的资助在前门外大街路东、鲜鱼口南搭了个席棚，挂个“酒葫芦”（酒幌子）便因陋就简开灶起火，办起了小小的酒“店”。当时除摆有三四张桌凳和赊来的几坛酒、十几斤肉外，别无他物。

还别说，由于分量足、重质量、守信誉，赏光者也还不少。没几年就打开了局面略有积蓄。如此经营下去，日积月累，盈利也将不少。可小伙子并不“安分”，总感到席棚吃酒有伤大雅，招徕顾客也多有不便。整日里朝思暮想，总想弄一个像样的门面。无奈李记酒棚南北两面都是店铺，自己的一席之地无半分扩展余地，只得向上发展。乾隆七年（1742 年），他倾所有血本盖了一间门面的二层小楼。楼下一间虽然厨房、账房和四五张招待酒客的桌子集于一处，却也拾掇得井然有序、干净整洁；楼上除分出两间“雅座”以外，其余均是散座。

酒楼开业不久，这位颇有雄心的李掌柜因心血耗尽，于而立之年撇下娇妻盖素珍和一对幼小儿女飘然下世。李掌柜虽已作古，但他把制作马莲肉、晾肉的绝技传给后人，为小店引来了真龙天子，使李记店铺与达官显贵结下了不解之缘。

李掌柜早在挂起“酒葫芦”之时曾三次返晋拜师学艺，苦心钻研，多方配料，终于琢磨出在北京制作马莲肉的绝技。他选用带皮五花三层的猪肉，切成四寸长、一寸宽、二分半厚的肉条，用马莲把五条肉系成一捆，并配以适量的葱、姜、蒜、口蘑、木耳、大料、食盐等佐料，用水煮透成冻儿招待酒客。由于马莲肉香而不腻、清利爽口，特别是马莲馨香四溢，吸引了不少顾客。但李掌柜去世后门庭冷落，生意大不如前，女掌柜盖素珍带着一儿一女，雇了几个伙计苦为撑持。

北京前门外虽是一块儿经商的风水宝地，但李家酒店处于“醉葫芦”、“小有余芳”、“致美斋”等著名酒家包围之中，要想在如林强手中竞争立足谈何容易。只得早开门、晚闭店，做人家不做的生意，就是到了大年三十也照常营业。

延伸阅读

前门商业街发源于明代。明代北京突破了元代“前朝后市”的定制，在正阳门周围以及南至鲜鱼口、廊房胡同一带形成大商业区。清朝前期，这里出现大量工匠作坊、茶楼和戏园，形成专门街市。到了光绪二十六年(1900年)，大量洋货涌入北京，京奉铁路、京汉铁路开通，往前门设立东西两个火车站，前门商业盛极一时。

二、乾隆赐匾

天子雄居的北京的习俗，一进腊月，在旗贵族、满汉官员和有钱人家开始置办年货。到了大年三十官府封印、戏楼封台、商号关门，一般人家也都阖家团聚，绝少外出。往来行走之人只有"爆竹千声岁又终，持灯讨账各东西"的收账人和离家出走、东躲西藏的负债者，其中一些人就到从不停业的李记酒店借酒消愁。

乾隆十七年（1752 年）除夕之夜，盖素珍按往年规矩照常营业，接待躲债酒客。正值亥时，店门外走过文人打扮的一主二仆。他们看到小店尚在营业，甚是诧异，走近门脸儿顿觉一股马莲清香扑鼻而来，令人垂涎。这时眼明嘴快、聪颖灵慧的伙计急忙上前笑脸相迎、热情招呼，并把三人引上二楼雅座吃酒。

细品慢斟的"文人"对可口小菜、醇香佳酿颇为赞赏，遂问殷勤招待的

乾隆微访都一处

都一处牌匾

伙计："你这店叫什么名字？"伙计忙道："小酒店没有字号。"此人感慨地说："这时候不关店门的酒店，京都只有你们一处了吧！就叫'都一处'吧！"时间过得也真快，不觉正月将过，盖素珍和伙计们谁也没有把除夕之夜的事情放在心上。

一天，忽然来了十几个太监毕恭毕敬给李记酒店送来一块椭圆形、四周雕刻蝙蝠图案、用黑漆油饰的虎头牌匾，匾上御笔亲书"都一处"三个字用金箔所贴，灿灿有神。这时众人方知年三十夜里来店喝酒的那位"文人"就是当今圣上——乾隆皇帝。

乾隆恩赐"都一处"虎头牌匾，酒店伙计一个个呆若木鸡、受宠若惊，颤巍巍叩首谢恩、急呼万岁，乐融融手捧玉匾，挂于店中。众人小心翼翼地用黄绸把乾隆皇帝坐过的那把红色罗圈椅盖上，下垫黄土，奉似神灵。一瞬间，这

延伸阅读

"都一处"春季供应青韭烧麦；夏季是西葫芦羊肉、素馅烧麦；秋季为蟹肉烧麦；冬季是猪肉葱花烧麦。制作烧麦从和面到蒸熟需要16道工序，其主要是：将面粉加水和成面团，揉好搓成条，揪成小面剂，并在面剂上稍刷一点芝麻油以防外皮皱裂；另将少量面粉上笼蒸熟，晾凉后过箩，均匀铺在面板上，将面剂放在上面，用特制的擀面杖（俗称走槌）擀成四边皱起的烧麦皮。包时把烧麦皮放在手上，中间放馅，用手指轻轻合拢皮的边缘，把馅包起来，收口不要太紧，以稍露一点馅为宜，然后上屉蒸六七分钟，即可出屉。蒸熟的烧麦青白透明，顶端泛着白霜，褶纹整洁清晰，酷似丛丛麦穗，朵朵白花。

个“宝座”身价陡增，任何人只能瞻仰不得近“身”。从此，“都一处”声名鹊起。

乾隆皇帝去“都一处”喝酒赐名，“都一处”有“宝座”的消息一传十、十传百，很快传遍了北京城。亲朋好友闻讯纷纷前来拱手相贺；众商号也显得格外“慷慨”，面铺赊面、酒厂赊酒，油、盐店主也不甘落后，以佐料相助，就连那些王公大臣、名门显贵也附庸风雅屈尊而来，“云集”店中一睹“宝座”芳姿，细品那闻所未闻的马莲肉。随着络绎不绝的“食客”，大把大把的银子源源涌进了“都一处”的钱柜。

以卖马莲肉、晾肉、花生米、玫瑰枣等小菜为主而起家的“都一处”酒店，在两百余年绵延发展中逐渐形成自己一套保证质量的严格店规和与众不同的经营特色。李家各代掌门都扬长避短、博采众家之长，品种花样不断翻新，仅以小巧玲珑、馅鲜味美的烧麦来看，就分蟹肉、三鲜、猪肉葱花等好几种。一个直径 3 寸的烧麦皮必须擀成 24 个花折，缺一不可。每 4 个烧麦的皮、馅务必各重 1.3 两，做到整齐划一、赏心悦目。如果说“都一处”的兴起是“天”赐良机、颇具传奇的话，那么它历久不衰的奥秘则在于求质保量的字号信誉。

时至民国年间，八大胡同常客、整日花天酒地的李德馨继承祖业执掌店事。他凭恃祖业挥霍无度，可对店里伙计却非常吝啬。由于工资低、年终“馈送”少而无处发泄怨气，敢怒不敢言的红案厨工、打酒的伙计，采取多放油、料，多打酒的办法出气解恨。然而，底子厚利钱大，仅利钱就有“倒三七”之多的“都一处”岂能因两勺油搞垮？相反，人们都说“都一处”的酒、菜、饭质好量多而名不虚传。慕名光临的顾客反倒日见增多，盈利不减当年。

在《增补都门杂咏》一书中，李静山赋诗曰：

京都一处共传呼，
休问名传实有无。
细品瓮头春酒味，
自堪压倒醉葫芦。

这虽是对“都一处”的赞誉，但从中也可管窥旅外晋商的经营作风和进取自立的精神。

第五章

商繁业茂

在走西口移民大潮的发展进程中，逐渐催生了更为富有生机的商业往来，而其中汉、蒙、俄三者之间的贸易活动则首先带动了张家口、包头、归化城，以及库伦、乌里雅苏台、科布多等漠北市镇的发展和繁荣。这些市镇中心，聚集了来自中国内陆山、陕、甘、豫、鲁，以及蒙、俄等地的人，他们语言不同、习俗迥异，却因为一个共同的追求而远离故土、涉足商业。鳞次栉比的店铺整齐有序地排列在商业大街两边，车马声、吆喝声、讨价还价声充斥着整个街道，俨然是一个“商”的海洋。城镇的兴起促进了“买卖城”商业贸易的发展，丰富了人民的物质生活，有利于加强边疆各民族的向心力。与此同时，作为北路贸易开端的汉蒙贸易，已经延伸成了一个以库伦、乌里雅苏台、科布多等商业市镇为中心，以商品交换和市场买卖为纽带，汇聚成为整个漠北蒙古商业批发、零售中心和贸易集散地，辐射漠北整个商业经济圈，囊括亚欧大陆的陆路国际贸易。毋庸置疑，中俄贸易的发展，不论在商品数量，还是在经营范围上，都是基于汉蒙贸易的一个跨越式发展。

第一节　塞上明珠：张家口

当年，在雁门关外不到100公里的歧道地，茫然的晋商不知该作出何种选择，两条路的尽头是否都是他们向往的地方呢？为了深入蒙古腹地，他们再也不能考虑许多，有的毅然走向杀虎口，而有的则走向张家口。的确，两种选择都没有错，商路就这样被执着的晋商用自己宝贵的生命和汗水浇灌了出来。在以后漫长的岁月里，他们不仅在杀虎口留下了家喻户晓的动人故事，并一度创造出该地区的商业繁荣，而且还在张家口充分奠定了自己在全国商界的地位。

关键词：张家口　贸易

一、独特魅力催生的繁荣市场

张家口大境门外的“口外”是蒙古人交易牲畜和皮毛等畜产品的主要市场。该市场建立在一条窄长的峡谷上，西侧筑有一条堤坝，使它成为城郊的牲畜交易市场圈。蒙古人称这一片空旷的峡谷为“达板”，商人们则称它为“坝岗子”（“坝上”）。

每年从阴历五六月开始，张家口坝岗子的牲畜交易市场就繁荣起来。夏末秋初之际，来自察哈尔部、锡林郭勒盟苏尼特、浩济特、阿巴嘎纳尔等各部和喀尔喀蒙古东南部地区的蒙古人便把大批牲畜、毛皮驮到这里的牲畜交易市场上交换或出卖。他们先是把大批马、牛赶到这里来出售，而后又赶来几百、几千只羊，最后到秋冬交替的季节，毛皮等土特产品也用骆驼驮来或用大轮牛车拉来进行交换。

每年由察哈尔部、锡林郭勒各旗运到张家口毛皮市场上销售的羊毛、驼毛约30万斤，羊、牛、马、驼、驴皮百余万张。每年仅上市的马匹即达15 000至3万匹。3岁左右的母马，价格时有上下，不过最贵的时候每匹也只卖8两。总的来说，马价的涨落也像在其他地方一样，首先取决于马匹到货的数量，其次是马的质量，再次是需求的数量和买主的多少。

清康熙年间张家口大境门外正沟驼市

清代前期，朝廷对蒙古实行封禁政策。地处塞外边陲草原、经营畜牧业生产的广大游牧民过着逐水栖息、逐草游牧、很少与外界接触的封闭的社会生活，所以缺乏商业贸易观念。当他们每年一两次前来城镇与旅蒙商进行交易时，常常怀有对商人的猜忌。然而在他们与某一商号交易时，一旦获得其信任，往往是每年将其带来的牲畜、毛皮等畜产品，给予同一旅蒙商号与之交易，并购办全年生产和生活中所需的一切物品，很少再与其他店铺进行交易。这些商号究竟有什么魅力能够维系与蒙人的长期贸易合作呢？

清初，张家口仅有 10 家从事蒙古贸易，经营收购牲畜、贩运毛皮的商号，雍正时增至 90 余家，乾隆后期约有 190 家，至嘉庆二十五年（1820 年）达 230 余家，1936 年多达 1400 家，资本总额 70 余万元，年交易额达 1105.9 万元。

张家口最富庶的店铺仓库大多集中在下堡，从北到南纵贯下堡的大街叫武城街，批发商的住宅和商行就分布在这个中心地带。这些商号以山西商人为主，多贩运烟、茶、缎、布、杂货前往恰克图，并交换各种皮张等物品。

到 19 世纪初，在张家口专营砖茶贸易的商号有大泉玉、祥发永、广全泰、恒隆广、大升玉、公和泉等。它们每年将大约 40 余万箱（每箱 27 块，每块重量 3 斤）砖茶，运输到多伦诺尔、库伦、乌里雅苏台、科布多、塞尔乌苏和恰克图等城镇销售，换回的各种牲畜和皮毛、野兽裘皮等运回张家口，转销中原地区和京津市场，获取巨额的利润。

清人戴本孝在《登张家口城楼》一诗中写道：

蜿蜒城势列长蛇，
堡断峰连水折沙。
驵侩驿通中外市，
牛羊气杂往来车。
神争社会当场彩，
女竞边妆满髻花。
一望西风烟草寂，
驼鸣旃幕夕阳斜。

诗中形象地描绘出驿路四通八达的张家口交易市场上，来自蒙古草原的各地牧民赶着牛羊畜群和满载皮毛等畜产品的车辆，从四面八方汇集而来，而穿戴艳丽民族服饰的蒙古妇女在市场上竞相选购绸缎等物品的画面，也咏叹着张家口牲畜毛皮交易市场繁华兴盛的景象。这番景象正是由于有诸多商号的存在才得以呈现。

这些商号的魅力在于其自身的管理艺术。蒙古人来交易时，商号员工一般都要出门迎接，若是有王公贵族到来，则由商号的经理或大掌柜率领店员共同出门远迎。当宾客就座后，店员要将蒙古人所携带的烟筒装上店内的烟草，吸燃之后再将烟筒递给对方；或者取出鼻烟壶与对方的鼻烟交换闻吸后，再将鼻烟壶还给对方，这都是蒙古人见面礼遇的习惯。然后，请蒙古人喝茶，边喝茶边商量买卖。

另外，张家口上堡专营药材生意的店铺，都挂着汉文和蒙文招牌，招牌上除写着商店名字外，通常写有“本店备有各色蒙藏药材，丸药、丹、散一应俱全，价格公道，童叟无欺，如蒙兄弟惠顾，竭诚欢迎”。这些宾客至上的礼遇习俗融化了蒙古人的心理障碍。也正是基于这样的前提条件，商号才得以维持与蒙古人的长期合作。

二、相关产业的蓬勃兴起

随着商品经济的发展和对外贸易的扩大，张家口不仅成为著名的皮毛集散市场，而且还带动了当地皮毛加工业和金融业的长足发展。

张家口的皮毛店分为皮店、毛店和熟皮店三种。皮店专营兽毛，熟皮店专营经过鞣制加工缝缀的皮货。熟皮店又细分为专营珍贵毛皮的细皮行，专营老羊皮袄、山羊皮袄的老羊皮行和专营香牛皮、法兰皮的皮革行。20 世纪 20 至 30 年代，张家口共有生熟皮行店 200 余家，毛行 9 家。由于张家口每年有 540 万张毛皮和 500 万斤毛绒留本地加工，因此，无论从事皮毛加工业的户数、从业人数，还是产量产值，均十分可观。随着皮毛加工规模的扩大

皮毛店正在交易的买卖双方

皮货铺

和产量的增加，张家口的皮毛加工系统继续发展，逐步细化为细皮、粗皮和制革三大行业。

由于汉蒙长途贩运贸易和皮毛加工业发展耗时很长，这就决定了它对资金需求量甚大，周转期也相当长。所以，张家口不仅是明清时期中国北部贸易和皮毛加工商城，而且还是金融中心。清代产生的金融机构账局、票号均把它作为重要据点。

账局是乾隆年间在张家口产生的一种对工商业者开展存贷款业务为主的金融组织。最早的一家账局是乾隆元年（1736 年）山西汾阳商人王庭荣出资 4 万两在张家口开设的“祥发永”。此后，山西榆次商人常立训于嘉庆十九年（1814 年）、道光二十年（1840 年）先后投资 5 万两和 3 万两在张家口创设大升玉、大泉玉两账局。

票号自道光初年产生以后，随着埠际贸易的发展而繁荣起来，并逐步形成祁、太、平三大票帮。道光二十年（1840 年），山西票号已在张家口等 23 个城市建立了 35 家分号。及至清末，票号在全国 95 地共建 475 家分号。从家数上看，除北京、天津、上海、汉口、重庆、太谷、祁县外，张家口共设 15 家分号，位居全国第八位，约占分号总家数的 3.2%。

张家口不仅是晋商活动的重要商埠，而且票号在此活动也十分活跃。如道光三十年（1850 年）与张家口日升昌分号通汇的城市有京师、苏州、河口、天津、汉口、平遥、祁县、太谷、太原、扬州、成都、清江浦、三原等；其往来商号有大顺雷、兴盛德、永顺祥、裕兴昌、源太昌、应源德、永顺利、万和明、德兴恒、源盛兴、恒义长、永兴玉、合盛永、三和同、德生世、昌泰和、生旺德、恒义承、万盛隆等 19 家，汇兑往来金额即达 86 600 两，占其总额的 50% 以上。这几个城市正是张家口运销蒙古和恰克图的茶叶、丝绸、棉布等货物的主要来源和中转地。

张家口旅蒙商业的发展，不但吸引了全国商人来此经商，而且还吸引了许多其他国家的商人不远万里来到张家口开办洋行和公司。外国商人除专门收购旅蒙商人由蒙古运回来的畜产品外，还运来洋货在商场上销售。据光绪二十八年（1902 年）《清外务部商埠通商档》记载："各国在张家口买卖的洋行有四十四家。"当时在张家口的外国洋行有：英国的德隆、仁记、商林、隆茂、平和等；德国和意大利的礼和、地亚士、兴隆、祥记、世昌、瑞记等；美国的茂生、德泰；法国的拔维晏、立兴；日本的三菱、三井以及荷兰的恒丰等。这时的外管市场已驰名中外，张家口成为西北地区最大的物资集散地。

由此可见，张家口的崛起是以中俄贸易、汉蒙贸易的发展为契机的，它既是清代北疆贸易发展的必然，也是封建政府特殊作用的结果。把握这个历史奇迹的主人公就是晋商，他们凭借自己的实力在张家口站稳了脚跟，并促进了该地贸易的发展，为其成为通向蒙古腹地的塞上明珠作出了积极贡献。

常家在张家口的铺号旧址

第二节　塞外商埠：归化城

清初，随着北部边疆地区社会秩序的逐步安定，蒙古地区与中原内地的政治、经济和文化交流日益密切，有力地推动了塞外蒙古地区商业城镇的兴起和商品贸易的发展。归化城因其特殊的地理位置，逐渐成为北方蒙古地区与中原内地进行商业活动的重要据点。到乾隆年间，归化城社会安定、人口聚集、市场繁荣、商贸发达，人称“塞上江南”，商业贸易活动呈现出一派欣欣向荣的景象。

关键词：归化城　贸易　市场

一、商贸勃兴

清代归化城内的旅蒙商，大多来自山西、河北等地。归化城是山西帮的大本营，也是晋商通往新疆和漠北的中转站。山西商人从内地收购布匹、绸缎、砖茶、铁器等物品汇集归化，再由归化贩运到漠北和新疆，进而到俄罗斯和西欧。回程时携带羊毛等畜产品及木材、药材等到此销售，进而运销到天津、北京一带。旅蒙晋商的商业活动也刺激了归化城商业贸易的发展。

清初，来归化城出售各种牲畜和畜产品的蒙民也非常多。尤其每年初夏和初冬，漠南、漠北蒙古各旗蒙民，集合起附近需出售牲畜和畜产品的蒙户，组成商伙。当出发时，每个人将所需之帐幕、毡子、炊锅、茶罐、炒米、奶饼、盐以及其他食料等，均须备齐，积载于牛车上，赶至交易市场附近后，即觅寻妥当牧地，以求牧养其赶来的畜群。然后推选出几名商伙代表，或畜牧主自赴市场，先寻找寄宿于素有往来的栈店或商号内，以资商谈其进行交易事项。

通常赶着畜群来归化城等地市场进行交易的蒙古人商伙，一是在夏初（农历三四月间），为了补充立冬后所缺少的物品，如炒米、粟和日用杂货等，便将其牲畜或毛皮等畜产品，运至市场上来进行交换贸易。二是在冬初，利用

今日归化城

牲畜秋肥，将其多余的牲畜和积存毛皮等畜产品，运至市场来交换布帛、食品等各种日用杂货，以备迎年及过冬所用；或在市场上出售换取银元带回，以备缴纳贡赋课差费用。

由于归化城商品种类逐渐繁多，商贸区域不断扩大，货物甚至销往遥远的漠北、西北地区，货物、人员众多而贸易周期又长，因此归化城本地的商业活动除商品交易外，还出现了许多相关的行业如货栈、煤炭、餐饮、钱庄、票号等。商业活动又以农畜产品和日用百货最为重要。在这样大规模的商业活动中，逐渐出现了一些大商号，他们大多由旅蒙商起家，有着完善的组织体系、庞大的资金周转能力、充足的货源和广大的销售网络。此类大商号贸易的形式，是清代归化城商品贸易活动最为重要的特点。《内蒙古通史》在描述清前期内蒙古的社会经济时提到，旅蒙商的三大号：大盛魁、元盛德、天义德都把归化城视为自己的商业基地。其中，又以大盛魁实力最为雄厚，生意规模最为庞大，各种铺面占据了“半个归化城”。

归化城内的旅蒙商号除在归绥地区做生意外，还重视漠北和西北各地的贸易。归绥地区不仅成为内地通往漠南蒙古的重要商业贸易中心，而且成为内地通往新疆塔尔巴哈台、古城和漠北科布多、库伦以及唐努乌粮海等地区的枢纽，进而成为远销恰克图、尼布楚等地，进行中俄贸易和边境贸易的货物集散中心。

二、牲畜交易

清代，蒙古草原上优质廉价的牲畜和畜牧产品吸引着全国各地的商人们前来采购，并由此贩运到中原各地以获取高额利润。归化城特殊的地理位置使其在这方面具有一定的代表性。它拥有规模很大的牲畜皮毛交易市场，在长城内外享有很高的声誉，成为中原农业经济和草原游牧经济进行交换的中间站。

清初，归化城由于是新疆厄鲁特蒙古和漠北喀尔喀蒙古各部商队边口互市贸易的指定地点之一（另一指定地点在张家口），再加上清军因北进作战而经常在此采购军马和骆驼，更加刺激了归化城牲畜交易市场的发展。

康熙三十四年（1695 年），“谕遣师中等前往蒙古诸旗购马。归化城、科

牲畜交易市场

尔沁各2000匹，余定额有差”。

康熙五十四年（1715年），“归化城三站每季买马15匹备用军需，候告竣之时，将用过钱两核实报销”。

雍正二年（1724年），“归化城三站每季买马15匹备用军需”。

雍正十年（1732年），“令于内蒙古购军马10万匹，食羊40万只”。

乾隆十六年（1751年），清廷在归化城、多伦诺尔等处购驼880峰；乾隆十九年（1754年）三月，令于归化城购马5000匹，驼800峰；五月又令于内蒙古购买马60 000匹，驼5000峰，羊20万只。乾隆二十一年（1756年），又令在归化城购驼1000峰。

以上史料是清官方在归化或可能在归化购买牲畜的部分记录，官方大量采购牲畜，显而易见是与当时清朝用兵西北有关。同治年间，西北回乱爆发，军事又起，清廷再次在归化大量采购骆驼。如同治九年（1870年），刘铭传奏称：“已派员赴归化一带收买骆驼1000峰，请饬杀虎口关免税”;同治十一年（1872年）七月，清廷谕绥远城将军定安速购驼运军装及运粮所需骆驼3750峰；该年十一月，又再令定安于归绥采买骆驼800峰；同治十三年（1874年）复令绥远城、察哈尔购买骆驼4000峰。五年之间在归绥所购骆驼达9550峰。

这些史实对于归化城的商业贸易是一个极大的促进，另一方面也说明了当时归化城牲畜

延伸阅读

归化城牲畜交易市场约有数处。其马市在绥远城，曰马桥；驼市在副都统署前，曰驼桥；牛市在城北门外，曰牛桥；羊市在北茶坊外，曰羊桥。其屠宰牲畜，剥取皮革，就近硝熟，分大小皮货行，在城南门外十字街，俗称为“皮十字”。

交易兴旺，货源比较充足。

据《旅蒙商大盛魁》一书记载，“大盛魁”每年从外蒙古赶回 80 万只羊和 10 万多匹马。另外根据外蒙古学者的研究，“大盛魁”每年仅在外蒙古的债务利息就有 7 万匹马和 50 万只羊，并全部赶回中国。而“大盛魁”由外蒙古赶回的很大一部分羊、马都要由归化城的牲畜市场销往内地各省。由于归化城市场无法容纳如此大量的牲畜，所以归化城的牲畜交易市场主要不在城内和近郊而在召河。当时归化城每年输出的羊不下 50 万只，而归化城本身每年购买和消费的羊就不下 20 万只，牛近 4 万头。

清代归化城巨额的牲畜贸易、繁荣的牲畜市场不仅吸引了众多的外地客商前来交易，也带动了其他各行各业的发展。皮毛业和以皮毛为原料的加工业也日益兴旺。在旧城大南街和大北街，各种商业店铺林立，是清代归化城商业贸易繁荣发达的最好证明。

三、粮食市场

由于蒙古地区只有漠南草原临近黄河及其支流或其他有水源的地区，才有种植谷物的可能，却要供应已垦地区和广大牧区的人口，这就使粮食成为内外蒙古的珍贵商品。

归化地区既是内蒙古最早开发的农垦地区，又是一般商品集散交易的中心，再加上人口众多，消费量大，促使粮食贸易成为归化重要的商业活动。“口外蒙古厂地宽阔，人物繁庶，米粟粜籴较别务尤急，各厅俱有粟店行开设，按时价出入”，萨拉齐、托克托、包头等都是粮食交易的重镇。

乾隆十八年（1753 年），归化城户司出面干预粮市，标定粮价，并禁止粮商高价出售粮米。乾隆二十年（1755 年）以后，大同右卫杀虎口地区粮商曾集资前来买卖粮食。一般来说，乾嘉时期至嘉道时期粮价平稳，据载，嘉庆与道光时期归化城仅有义顺粮店等三四家行号，贸易范围不出本地，唯有一部分杂粮销售给归化的食品加工业——六陈行。

塞上老街

“塞上老街”（原通顺街）：呼和浩特保留下来的具有明清时期原有建筑风格的唯一一条老街。这条街上曾经有粮店、车马店、旅店、烧卖馆、当铺等买卖字号。

咸丰年间，归化城的粮食贸易有了新的变化。黄河河运畅通，托克托的河口镇已成为前套平原少数有水运之利的新码头。晋西北、陕北的粮商纷纷前往收购米粮，归化的粮商也开始运粮到河口，并运往内地销售。每年经河口南下的粮食不下二三百万石，而晋西北、陕北也都是归化米粮贸易的新市场。

同光年间，西北回乱，清廷屡令由归绥采买军粮运往宁夏、新疆、塔城等地；左宗棠也数度派员由陕西经归化采买米面，督办北路粮运。因此，归化米粮贸易范围就由本地和晋陕地区扩及宁、新、西北一带。

而自咸丰至光绪以后，归化的粮价也开始起伏较大，粮店陆续增多，开始有行号因囤积居奇而致富。光绪初年，更有一些规模较大、资本雄厚的商号在归化投资开设粮店，如包头有名的大商号“复盛公”的财东就在归化设有粮店“德兴号”。

四、中俄贸易

从16世纪后期开始，俄国越过乌拉尔山向东扩张，在17世纪前期开始与中国发生直接接触。康熙二十八年（1689年），经过雅克萨之战后中俄签订了《尼布楚条约》，条约规定，“凡两国人民持有护照者，俱得过界来往，并许其贸易互市”，中俄两国至此开始正式建立商贸往来。归化城“大盛魁”等旅蒙商号以丝绸、棉布、茶叶、瓷器、砂糖等与俄商交换野生皮张、皮革、衣料以及玻璃制品等。《尼布楚条约》签订后，中俄关系进入了长达一个半世纪的和平往来时期，我国北方边境地区出现了安定与和平的局面，为中俄边境贸易提供了良好的外部环境。

雍正六年（1728年），中俄双方又签订了《恰克图条约》，规定在中俄边境的尼布楚和恰克图等地通商互市。两国政府在恰克图等地开设边境市场，允许两国商人建立商店客栈；两国还分别设立专职官员，监督管理互市贸易。

乾隆五十七年（1792年），中俄两国又签订了《恰克图市约》。条约

清代恰克图

签订后，中俄两国商人便以恰克图为中心，积极发展边境贸易，恰克图边贸是被誉为同广州海上贸易交相辉映的北疆陆路最重要的茶叶出口贸易。到嘉庆初年，中俄贸易总额达 838 万多卢布。俄方通过恰克图贸易把对华贸易逐渐扩展到库伦、归化城、张家口、北京、天津等地。中国商人也利用这一机会把商业拓展到俄罗斯与西洋诸国。

同治年间，归化城“大盛魁”等商号呈报绥远城将军“请假到俄罗斯经商”，“赴西洋诸国通商”，清政府准许实行。此后，归化城的一些商号便联合成帮，开始在中俄边境与俄商进行交易。

在清代，中俄两国间的陆路贸易逐渐发展起来，形成了两条主要的贸易路线，一条由内地经蒙古草原到达恰克图口岸，再通往俄国的西伯利亚地区；另一条由内地通过蒙古草原或河西走廊，经新疆西部各口岸，通往俄国的中亚地区。这两条商路上的中俄贸易活动贯穿了清代两百多年的历史，是清代中俄关系的重要组成部分，也是清代对外贸易的重要内容，而且至今在中国与俄国的经济交往中依然有着重要的影响。

归化城作为中俄商路上一个重要的商业城镇，联结着由内地到塞外，北越长城、贯穿蒙古，经由西伯利亚转往欧洲腹地的国际商路，遂成为中俄边境贸易的重要纽带。内地商人利用这一贸易网络源源不断地把茶叶等货物经张家口集中到归化城，又自归化城运送到蒙古各地，并进而贩运到西洋诸国，归化城在这一贸易网络中起到了极其重要的中转作用。茶叶是中俄边境贸易中的重要商品，主要从张家口和归化城经蒙古草地运输到恰克图和伊尔库茨克等城市进行贸易，归化城的商业贸易也由此达到了它的顶峰时期。

第三节　漠北城市的勃勃生机

清人林谦纂曰：“挞子蒙古乃诸游牧国总称，无城郭宫室，驾毡帐逐水草而居，谓之行国。”林氏所言基本概括了历史上北方蒙古草原居民的生产与生活特点，作为农业和商业社会发展标志的城市，漠北城市与蒙古社会历史发展的关系并不密切。清代蒙古地区城镇的兴起，与蒙地实行“军政合一”的行政管理体制、倡导喇嘛教、汉族移民的增多、交通要道的发展等因素有关。随着军府衙署、佛教寺院、交通枢纽的出现，蒙古地区商肆喧闹、作坊林立的新兴城镇开始兴起。漠北的库伦、乌里雅苏台、科布多就是在蒙古腹地因军府建制和寺庙建设而发展起来的城镇，这些城镇大都是先有城池或寺庙建筑，后有贸易。

关键词：库伦　乌里雅苏台　科布多

一、库伦

库伦是漠北喀尔喀蒙古地区最重要的城市，它是漠北蒙古的喇嘛教中心。从 17 世纪中叶以来，这里就有许多中国内地旅蒙商人、蒙古人、俄国人前来进行互市贸易。漠北喀尔喀蒙古附清后，尊崇哲布尊丹巴为漠北的宗教领袖，他所居住的库伦城随之发展起来。“库伦”，蒙语为围圈之意。在哲布尊丹巴驻地，呼图克图大帐居于中央，喇嘛及牧民的帐篷围于四周，库伦地名即源于此。

当时，库伦作为蒙古人信仰喇嘛教的朝拜中心，又是旅蒙商与蒙古人、俄国人经常贸易活动的地方，其后清朝驻喀尔喀蒙古的办事大臣衙署在此设立，从而旅蒙商号和官员公务活动纷纷集中起来，由此，库伦的贸易活动规模就更为扩大了。每年春季，哲布尊丹巴都要在库伦附近举行著名的“曼达尔盛会”，届时所属牧民群集于此。“曼达尔盛会”同时又促成商品的大聚汇，

“该处市廛栉比，而小贩贸易，或搭盖木房，或就地陈列，尤有麇聚蚁附之势”。至19世纪初，库伦“市分二区，汉蒙二处，货物充裕，人烟稠密，口三万余”，成为整个漠北蒙古商业批发和零售中心。

康熙年间，随同清军从事物品供应贸易的旅蒙商人留在库伦定居下来。当时，寺院规定，在寺庙附近不允许开设店铺，因此，最早到此的12家山西商号便在距离寺庙10里以东的地方设账房来经营贸易。其后，一些在京经营蒙古贸易的商号和张家口、多伦诺尔、归化城的旅蒙商号，也陆续派遣商人在此定居，开设分号或货栈来经营发展贸易，随后旅蒙商铺逐渐在此形成了一个贸易市场圈，即库伦买卖城。买卖城的中心多托罗（里头）是汉人商店和居住区，周围城关噶达（外头）是蒙古人的居住区。“里头”全由店铺构成，主要为一等的大店铺，并有两家客店；“外头”则由二、三等的店铺构成，还有流动商贩以及小酒店，负责管理买卖城事务的扎尔古齐衙门也在这里。

当年库伦的一座茶场及货垛

二、乌里雅苏台和科布多

乌里雅苏台和科布多，是清军驻防漠北喀尔喀蒙古地区修筑的军事要塞。清政府鼓励北京、张家口、归化城等漠南蒙古地区城镇的旅蒙商号，赴乌、科两军城堡贸易，并在驻屯军城堡旁开辟商业区。

乌里雅苏台城于乾隆二十九年（1764 年）动工，乾隆三十二年（1767 年）建成。这是一座木城，城堡建成后，商业随之发展起来，在城外西去 3 里的地方，逐渐建立起固定的店铺和储藏货物的仓房，形成较为独立的贸易区域。

乌里雅苏台城里面集中了许多固定的衙署机关，还驻扎一部分军队，在距离乌里雅苏台城镇约 1 俄里（1 俄里 =1067 米）远处有一条扎嘎苏图河，河的对面才是乌里雅苏台的商业贸易区域。

乌里雅苏台买卖城有五条街道，其中三条是到晚清时才发展起来的，商业活动主要集中在店铺商号鳞次栉比的两条老街上。两条老街呈十字交叉型，主干道为东西向。在两街交叉地，有三道大门：一道大门是由东向西的通道，另一道大门是由南向北的通道，第三道大门建在南北大街上。城区面积不及库伦买卖城一半大，里面的官方建筑和公共建筑只有两处：一处是捕厅，另一处是一座汉式寺庙，也叫格萨尔庙。

乌里雅苏台的旅蒙商号店铺，大多数是由归化城商号总店迁去的分号。来这里最早的商号以“西帮”归化城、张家口、包头等城镇来的晋商店铺为主。至道光年间，这里已有各类铺面房一千余间，贸易商人三千余人。

中央政府对科布多的管辖进一步加强是到了清代以后。雍正九年（1731 年），清靖边大将军傅尔丹驻屯科布多，正式修筑了科布多城，即旧城。乾隆二十四年（1759 年）扩建。乾隆二十六年（1761 年），清政府设立科布多参赞大臣后，因旧城屡遭战争及水灾破坏，毁损严重，就在旧城以南的布彦图河谷另选城址，建立新城，这就是科布多的官衙区。后来随着商业的发展，科布多才出现了一座商业城，即科布多的买卖城。这样，买卖城加上原有的官衙区，一座典型的草原商业城市便形成了。

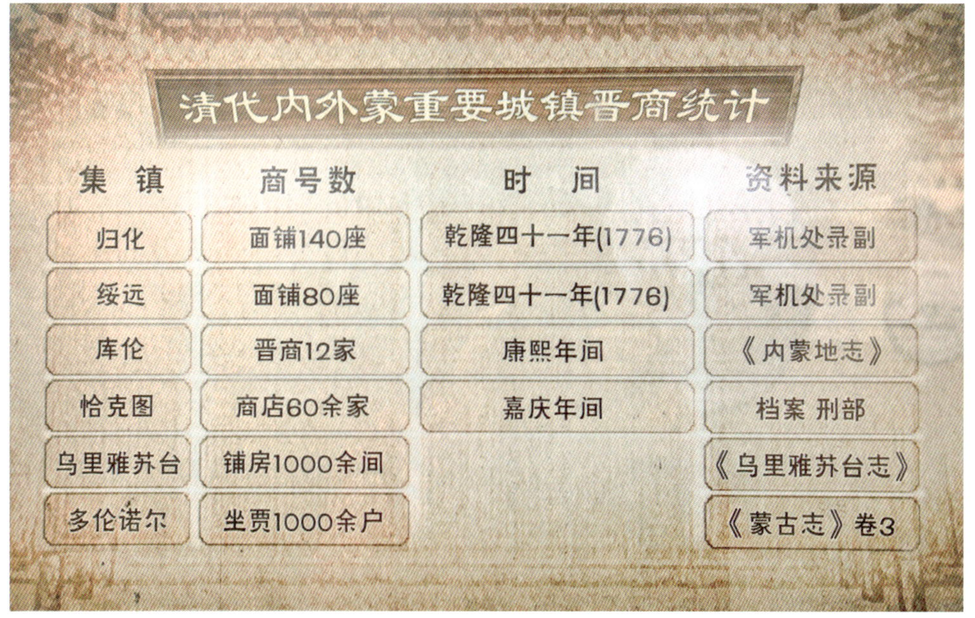

清代内外蒙重要城镇晋商统计

集镇	商号数	时间	资料来源
归化	面铺140座	乾隆四十一年(1776)	军机处录副
绥远	面铺80座	乾隆四十一年(1776)	军机处录副
库伦	晋商12家	康熙年间	《内蒙地志》
恰克图	商店60余家	嘉庆年间	档案 刑部
乌里雅苏台	铺房1000余间		《乌里雅苏台志》
多伦诺尔	坐贾1000余户		《蒙古志》卷3

清代内外蒙重要城镇晋商统计图

为解决驻屯清军和居民的日常生活物品的供应，清政府鼓励张家口、归化城等漠南蒙古地区城镇的旅蒙商号，赴乌里雅苏台、科布多两军城堡贸易，并在驻屯军城堡旁开辟商业区。科布多买卖城在科布多城南 100 俄丈（1 俄丈 =2.134 米）的地方，西距布彦图河约 1.5 俄里。买卖城有三条街道，一条叫伊克则里（大街），从南向北贯穿整个买卖城；第二条叫纳林大街，与大街平行；第三条从东端开始，穿过大街，到纳林大街为止。科布多所有的富商都聚集在这条街上。科布多的买卖城商业区内，在嘉庆至光绪年间，大约有四五十家左右，大都经营批发和组织流动商队贸易，零售店铺较少。

关于科布多买卖城的情况，《蒙古及蒙古人》一书中有详尽的记载。阿 · 马 · 波兹德涅耶夫 1892 年被派到中国，他对当时外蒙古各城市的买卖城及旅蒙商有着特别详细的记述。

据《蒙古及蒙古人》一书描述，当时的科布多买卖城城内有四口公共用井，有南北纵向两条大街和一条横向街道。其中伊克大街每排有 14 家店铺，纳林大街每排有 39 家店铺。若以最小规模，即每条大街只有相对的两排店铺计算，那么买卖城至少有106家店铺。大街有15俄丈宽，两旁栽有高高的杨树，有与布彦图河相连的渠道灌洒街道,所以市容十分整洁。除此之外，买卖城还有关帝庙和太王庙各一座。关帝是中国传统文化中商人的保护神，而太王庙则是商人的公共墓地。环绕买卖城四周，则是洁白的蒙古包群，给买卖城这座商业城市平添了几分草原气息。

在19世纪末，经济文化还很落后的偏远小城科布多，有如此多的商铺和如此完善的城市设施，可见其曾经的繁华与辉煌了。

延伸阅读

清前期，政府在东南沿海实行海禁政策，而与之相应的北方市场伴随汉族商人不断深入俄、蒙乃至欧洲腹地，商品交易南北对流，异常活跃，口外蒙古地区以及中俄边境的商业贸易得到了空前扩张，其区域社会经济生活都发生了前所未有的深刻变化。本章所提到的北路贸易正是具体指以走西口旅蒙晋商为主体的往返于口内外的汉蒙民族贸易以及中俄恰克图贸易。

第六章
文化符号

“走西口”是中国历史上三大自发大移民工程之一。一场大的移民运动往往伴随着大的社会变迁，从清朝康熙年间延续至清朝后期因多次“开放蒙禁”鼓励垦殖，直至20世纪20年代的旅蒙商贸，导致大量内地商人、农民（以晋、陕地区为主）进入内蒙古中西部地区的人口迁徙。人口的流动，带动了文化的传播，而文化的传播又拉近了地区间的距离，增强了彼此的认同感。在漫长的“走西口”过程中，移民们在移入地又创造或重建了相应的民俗文化，通过移民之间潜移默化的影响，当地的建筑、语言、艺术与饮食文化都形成了独特的风格和富有个性的韵律，形成了具有鲜明特色的地域文化。毋庸置疑，“走西口”这一涌动的移民浪潮，大大促进了内蒙古中西部地区与内地的交流，进一步增进了蒙汉之间的民族感情，对我们多民族国家的繁荣稳定产生了非常积极的影响。

第一节 醉人调调：二人台

二人台的兴起、发展与清朝中叶以来内地贫苦老百姓走西口有着密切的关系。山西、陕西、河北等地的农民为生活所迫，远赴察哈尔、绥远等地（即今内蒙古中西部乃至更遥远的地区）垦荒、挖煤、拉骆驼、做小生意，他们生活的苦，创业的难，真挚的情，化为早期二人台取之不尽的创作题材和绵厚苍凉的醉人曲调。

关键词：演绎　二人台

一、生动的演绎

追根溯源，二人台的起源、形成，是从晋、陕等省一些人走西口到内蒙古开始的，是流行于内蒙古自治区及山西、陕西、河北三省北部地区的戏曲剧种。

“二人台”，顾名思义，即二人一台戏。“二人台”角色仅有小丑、小旦或小生、小旦两人，表演生动活泼，唱腔洒脱奔放、委婉流畅，深为广大群众所喜闻乐见。早期“二人台”的曲调除走西口移民带来的秧歌、道情、社火、

二人台剧照

延伸阅读

早期的二人台，只是一旦一丑化妆打地摊演唱，活动于黄河码头、田间地头、节日庙会等场所，一曲一戏，情节简单，以歌舞为主。经过民间艺人的长期艺术实践，吸收了一些北路梆子、道情的艺术手段，丰富了二人台的表演形式。二人台的表演载歌载舞，极重鞭、扇、绢等特技。一些小戏自然朴实，生活气息浓郁，至今仍然受到晋西北、内蒙古、陕西北部等地人民的喜爱。

阳高二人台传统剧目《挂红灯》剧照

码头调外，还有相当一部分是当时盛行于土默特旗一带的蒙古族民歌——蒙古曲儿，演唱时蒙汉语言兼用，蒙歌汉唱，汉歌蒙唱，这种蒙汉交融的唱法被称为“风搅雪”，也叫蒙汉调。

关于二人台形成的时间和地点，有两种说法：一种说法是清光绪年间于内蒙古西部土默特旗一带，在蒙汉民歌和曲艺丝弦坐腔的基础上，吸收民间社火中的汉族舞蹈，创造了一丑一旦、载歌载舞的表演形式，取名“蒙古曲”；另一种说法是它是由清朝咸丰、同治年间曲艺打坐腔结合秧歌中“踢股子”等舞蹈动作发展而成。

之后，由山西逃荒的难民传到内蒙古西部，又吸收了蒙古族歌曲而进一步成长起来，又称“二人班”。这是二人台民间艺术生成、发展的重要社会生活条件，也决定了二人台题材内容是始终关心那些生活在社会底层的劳苦大众的艰难生存状况和不可承受的命运遭遇。

百余年来，二人台在沟壑纵横的黄土地上咏叹，在九曲回肠的黄河水中湍流，在浩瀚无垠的草原沙漠间流连，受到群众的普遍欢迎。

清朝光绪初年，这种唱法逐渐改为化妆表演的拉场戏，剧中人物由原来的一旦、一丑两个角色发展成为分别串演几个不同人物的表演形式。由于角色更换频繁，演员来不及换装，只能换顶帽子或头巾，又被称作“抹帽戏”，唱腔也出现了快、慢、流水等板式，“二人台”戏曲随之形成。

二、悠远悲怆的《走西口》

西口文化中的典型代表之一就是《走西口》，说到《走西口》，自然会想到二人台，人人都知道那是一出二人台小戏。民间有“走不完的西口，打不完的樱桃”一句俗谚。百余年来，《走西口》久唱不衰，成了二人台的代表剧目。也有人误以为，二人台就是《走西口》，《走西口》就是二人台。可见，二人台与《走西口》已经形成了密不可分的内在关系，《走西口》由此也成了二人台的代名词。

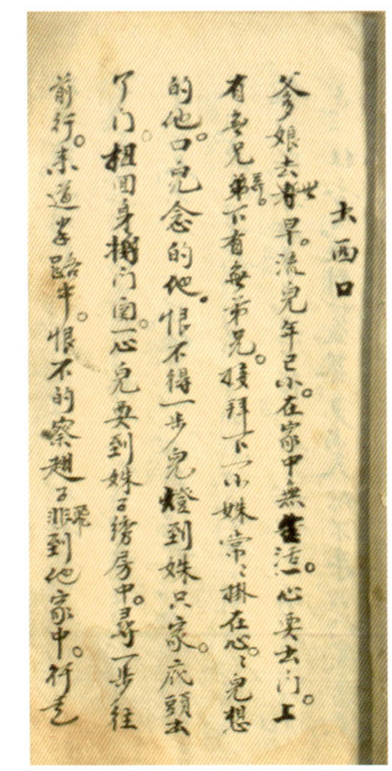

◎ 赵姓晋商《杂录稿》手抄唱本“出西口”

原版《走西口》创作于咸丰五年（1855 年），反映山西大旱灾后，太常春和孙玉莲这对新婚夫妇，为生计所迫，忍痛分离时的无限悲苦。光绪初年，土默川艺人荣双羊（蒙古族）、双腮子（艺名沙威旦，汉族）等把它改编为一出具有戏剧雏形的表演节目，增添了二人私订终身、太春沿途跋涉、玉莲绣荷包等情节，并加上场诗、数板和道白。旦角扮玉莲，其他角色由丑角一人串演，唱腔也在民歌的基础上形成各种板式。此剧广泛流传于内蒙古西部、山西西北部和河北张家口地区。

整出戏没有复杂的故事情节，不是以故事诱人，而是以细节出戏，以真情感人。新婚不久的太常春出去借粮，没有借上，就与伙伴相约远出西口谋生。当他不得不把动身的消息告诉妻子玉莲时，就把整出戏的情节推向了高潮，通过人物的对话，表达出夫妻情深意浓、恋恋不舍的心情。丈夫去口外谋生，妻子多方叮咛。一方语重心长，一方声声相应，对话是那样娓娓动听，情意绵长。

《走西口》有多个版本，内蒙古自治区包头市西口文化研究会副会长张贵曾指出晋、陕、蒙各种版本的《走西口》故事情节大同小异，有的将太常春改为太春、蔡春生，把孙玉莲改为宋员外之女宋玉莲等；有的增加了太常春走后的思念之情，“山在水在石头在，就是你不在”。孙玉莲还天天站在村口。有的则把男女间的亲情描述得更细腻，把“手拉着哥哥的手，送到大门口”变为“拉手手，亲口口”等。

原版《走西口》紧紧与包头地域相连，突出了浓郁的草原特色，并且诠释了蒙汉民族间的交融。在唱诗中特别增加了太常春到了西口外的描述：

从家出口外，
来到立城（托克托县）北阁外，
哈拉板升（地点）来得快，
……
一程赶到归化城（呼和浩特）的北门外。
进了土默川，
不愁吃和穿。
乌拉（蒙语山）高，
郭勒（蒙语河）湾，
海海漫漫的米粮川。
中羊肥，
庄稼宽，
逃难也见了心喜欢。

走圐圙，
到纳泰（萨拉齐），
迷失方向跑得快。
赶包头，
绕石拐，
连夜返回巴拉盖（包头村名），
累得我真苦，
没一点阿木尔泰（蒙语安宁）。
晚上住在毛七赖（包头村名），
又碰见个忽拉盖（俗语贼）。
偷了钱，
受了害，
临走还拿了我一支旱烟袋。
你说我的运气赖不赖。
一走走到六湖湾（原包头城西），
碰见两个鞑老板（蒙古族妇女），
她们说话我不懂，
只好比画问平安。
有水请你给一碗，
我要解渴把路赶。
塔奈勿圪（蒙语你的话）免得贵（蒙语不知道），
忽尔登雅步（蒙语快走）指向西，
手指口渴嗓子干，
她却给了一碗酸酪丹。

当今流行于晋陕一带的《走西口》民歌，大约诞生于20世纪初，由山西河曲县艺人樊六生走西口到包头与同乡艺人孙银鱼共同改编而成。于是现代版《走西口》歌词里便有了黄河水乡的特色：

河曲黄河滩

哥哥你要走西口，
（哎呦）小妹妹我实在难留，
手拉住那哥哥的手，
送哥送到大门口。

哥哥你呀走西口，
（哎呦）小妹妹我送你走，
怀抱你那梳头的匣，
两眼泪双流。

送哥送到大门口，
（哎呦）小妹妹我不丢手，
有两句知心的话，
说与哥哥记心头。

走路你要走大路，
（哎呦）万不要走小路，
大路上人儿多，

拉话解心愁。
住店你要住大店，
（哎呦）万不要住小店，
大店里人儿多，
小店里怕贼偷。

坐船你要坐船后，
（哎哟）万不要坐船头，
船头上风浪大，
怕掉水里头。

喝水要喝长流水，
（哎呦）万不要喝泉眼水，
怕的是那个泉眼水上，
蛇摆尾。

哥哥呀你走西口，
（哎哟）万不要交朋友，
交下的朋友多，
生怕忘了我。
有钱时他是朋友，
（哎哟）没钱时他两眼瞅，
唯有那小妹妹我，
天长又地久。

在晋、蒙、陕、冀交界处家喻户晓、人皆传唱、广为流传的二人台，其朴实的语言、细腻的风格和荡气回肠的唱腔，悲怆、缠绵、高亢、真切，脍炙人口，给人们留下了极其深刻的印象。二人台像经典民歌，二人台更是个艺术品，就是过上几十年、几百年，还能传唱下去。这就是走西口文化的永久魅力。

第二节 真情流露：民歌

谈到“走西口”文化，想必各种艺术表现形式最贴近现代人的生活，也是我们最耳熟能详的部分。无论是2009年的开年大戏《走西口》，还是舞台剧《一把酸枣》，在带给大家视觉冲击的同时，更折射出一种“走西口”文化独有的魅力，以及现代人对其产生的那份追忆。当然，晋陕一带流传的民歌与走西口也是紧密相连的，可以说，若没有走西口的历史，就没有这些民歌的诞生；若没有民歌的流传，“走西口”文化也不可能延续至今。晋陕地区的乡亲们都说，这些比黄连还要苦的歌，比黄连还要苦的调，就是他们的经历和遭遇，更是他们真实生活的写照。事实上，无论词作家，还是曲作家，若没有亲身经历过走西口的苦难，是绝对写不出这些震撼心灵、脍炙人口、令人荡气回肠的歌。

关键词：情感　民歌

一、苦情的发泄

晋西北的河曲、保德、偏关三县自然生态条件恶劣，给当地百姓的生活带来了诸多不便。面对生活的残酷，心中的悲楚和愤懑向谁倾诉？这样的情感只能上问苍天，下叩大地。河曲县的民歌集里有这样一首歌：

黄龙湾湾的河曲县，
三亲六眷漫绥远。

二姑舅呀三老爷，
八百里河套葬祖先。

千年黄河水不清，
跑口外跑了几代人。

千年的黄河滚泥沙，
走了大人走娃娃。

娃娃走成半老汉，
老汉走成穷光蛋。

辈辈坟里不埋男，
穷骨头撒在土默川。

寡妇上坟泪长流，
什么人留下个走西口？

这首歌唱出了所有走西口人的共同遭遇和心声，不论是去后草地拉骆驼的、下河拉船的，还是在草原放牧的和耍手艺的，这首歌都唱出了他们心中最深的情感。

聆听走西口的民歌，其中所反映的生活、表现的主题、抒发的情感、律动的节奏，无不带有比一般民歌更加浓厚的悲切色彩。正如内蒙古自治区包头市西口文化研究会副会长柳陆所言，这些民歌不是唱出来的，而是“哭”出来的：

叫一声妹不要哭，
哭得哥哥我心难活。

守住妹子倒也好，
不走西口过不了。

再不要难活不要哭，
谁家的亲人常守着。

背起铺盖拉住妹妹的手，
哭成个泪人人咋叫我走？

一对对蛤蟆井上爬，
哭下个病根该叫哥哥咋？

的确，与欢悦相比，走西口人对痛苦的理解往往更深切。他们的歌，总是承载着异常沉重的生活，总是在搅拌着眼泪的旋律中进行；他们的歌，没有浮夸虚饰，也不是矫揉造作，而是充满了感情、真诚和力量。

哥哥走呀妹子嘹，
泪蛋蛋抛在大门道。

盼得哥哥上了船，
泪蛋蛋抛得划动船。

手巾巾揩泪擦不干，
就怕哥哥离开岸。

哥哥走出那二十里，
小妹妹手巾擦水水。

二、笔墨无法描述的情感

走西口的历史过程中，汉子们经常结伴搭伙，一路同行，开嗓歌唱正是他们最为畅快淋漓的时刻。然而，很难说是谁先开口唱的第一声。柳陆曾经就此问题与走过西口的老辈人进行过畅谈，得到的回答是："你添一句，我加一句，没个准头……"的确，这个答案道出了走西口山曲儿一种最原发的状态，正是我们如今所说的原生态作品的真实写照。当然，由于在那个特定的历史年代，生死不保成为一种生命的定律，所以每一段传唱的山曲儿流淌着明显的不安与悲怨。如是，"眼泪"成为山曲儿最为常见的素材之一：

高原没树鸟难留，
家穷没米人要走。

哥哥一提走西口，
小妹妹泪蛋蛋不住气地流。

哥哥走呀妹妹我拉，
心锤锤好像针尖扎。

三梢锅下上一盅盅米，
没奈何才想起个刮野鬼。

泪蛋蛋流得咽满肚，
实心留哥哥留不住。

高山大河遮住面，
这回走了多会儿见。

阳婆一落山雀雀叫，
丢下小妹妹好孤少。

半夜里刮风窗棂棂打，
翻来覆去呀睡不着。

大青山石头乌拉山的水，
山隔水挡见不上你。

手提上篮篮掏苦菜，
多会儿能盼上你回来。

这些山曲儿，绝非音乐家用笔墨创作而来，而是走西口汉子和他们的家庭用眼泪谱写而成。这些歌见证了离别的伤悲，表达了思念的苦楚，传递了重逢的企盼。

三、山曲儿中的真实独白

山曲儿的美，既在于其悠扬曲调的谱写，更在于其丰富语言的运用。语言之美，着实离不开真情实感。走西口人将他们的心有所思、眼有所见、耳有所闻以及亲力亲为统统用山曲儿倾泻而出，形成了一种浓厚感情的凝聚与释放：

西北风顶住上水船，
破衣烂衫我跑河滩。

河上起程跑包头，
步步走的是鬼门路。

上水船困在浅水滩，
穷日子难住扳船汉。

黄河水深浪滔天，
扳船汉拿命换银钱。

黄河壶口瀑布

手扳棹杆脚蹬船，
船碰岩头命交关。

人路鬼路都是路，
什么人留下跑河路？

走西口人所传唱的山曲儿，向世人倾诉着一个地地道道的“真”字。“真”的体验用“真”的语言来表达，让我们感受到一股浓郁的“真情”。

拉了两天骆驼放了两天羊，
揽长工的人儿好凄惶。

打短揽工挣不下个钱，
起鸡叫睡半夜少活十年。

十冬腊月害下一场病，
掌柜的还嫌我不卖劲。

有心没胆想歇几天，
算账时候扣工钱。

二套牛车拉沙蒿，
揽一年长工光条条。

想起来财主真可恨，
咱人小毛短碰不动。

三天刮了九场风，
再不要打短揽长工。

黄土高原百姓拥有豪爽和粗犷的天性赋予山曲儿语言特有的淳朴、坦率和毫不掩饰，他们绝对不会“话到嘴边儿留三分”，绝不拐弯抹角，永远都是直来直去地表达，向世人传递着一种火一样炽烈的情感：

野鹊鹊落在青苗地，
一阵阵想起哥哥你。

八月十五云遮月，
一颗西瓜难分切。

西瓜切成小牙牙，
老婆娃娃没大大（父亲）。

一阵阵说来一阵阵哭，
一阵阵难活谁知道苦？

前房檐下雨后房檐流，
想哥哥想得犯了个愁。

你走包头整一年，
甚时候全家能团圆？

走西口的汉子深入蒙地，渴望得到一种生活的释然，然而客死他乡的境遇却是他们不可避免的忧虑，家乡的山水与亲人更是他们难以割舍的挂念。山曲儿中凝聚的痛苦、希冀的语言如此简单，却又如此直入人心，令文人墨客都望尘莫及。

富有生活气息的方言更加丰富了山曲儿的艺术魅力，使之呈现出鲜明的地方特色和民族风格。我们可能会惊奇地发现，这些山曲儿中的方言不加注释也能听得清，读得懂。应该说，走西口不仅把民歌流传到塞外，也把塞北地区的语言传承了下来。

哥哥跑口外回到家，
守住老婆可又能咋？

跑包头挣下几个钱，
不够请灶王过小年。

蒸不成馍馍担不成糕，
煮一锅山药蛋顶水饺。

长出气呀短出气，
穷光景咋能过下去。

大年初一迎喜神，
为甚跑口外常受穷？

第三节　晋蕴遗风：建筑

建筑是人类基本实践活动之一，也是人类生存的一种基本需求。早在原始社会，人类就开始了最简单的建筑活动，经过长期发展，形成了具有地方特色的城市组群，各色建筑分次建立。城市建筑是社会政治、经济、文化发展的综合产物，带有深深的历史烙印。

关键词：烙印　建筑

一、古老的四合院

清初内地移民即来到包头地区筑舍定居，在今东河地区逐步形成村落。各级行政机构逐渐建立起来。嘉庆十四年（1809 年），包头设镇。同治九年至十二年（1870 至 1873 年），建成包头土城，开始形成传统的城镇雏形，包头逐步成为我国西北地区商品集散重镇，城市建筑也随之发展起来。

包头的民居住宅多为晋风民居，传承了中国传统四合院的做法，由于经济原因，用料较内地简陋一些。有正房及东西厢房的典型四合院布局，还有一般正房的样式，带猫头瓦的瓦屋面；有展现质量和等级较高的民宅的屋脊、檐口、墀头，精美的三重砖雕墀头。四合院群落的兴起是在晋商的影响下发展起来的。

清初以来，随着城市群落的建立，包头的金融、商贸服务业在清代开始获得迅速发展。众多晋商受山西商贸金融业发展的影响，纷纷进入包头地区寻求发展。乾隆年间，山西祁县的乔贵发及秦姓的二位东家，就已经来到包头经商。同治年间已形成以“复盛公”、“复盛全”、“复盛西”为代表的经营粮油、典当兼营放贷的商贸服务业。他们的店铺分布在东河区胜利路、解放路、财神庙一带。

这些晋商的经营不仅仅是短暂的营运，而是作为一种长久的经商驻扎地。于是，各个以经商为主体，辅之以住宿的院落建立起来，这些院落主要以四合院为主。

在这些四合院内，一般正房为柜房，是掌柜的办公、住宿用房，东、西厢房为账房伙计们的办公用房和住宅，南房为厨房、货仓、杂物间。晋人在包头建房时，为了挡风、排水、防匪的需要，将房屋建成前低后高的水坡屋顶，门柱与墙面平行，大门洞采用半圆形砖拱碹，体现了山西建筑风格与塞外生活的完美结合。这类房屋遍布今东河区北梁一代，是包头老城的核心区，现存的 59 条老街巷、352 个院落，就是那个时期建筑特色的综合体现。

二、街头巷尾

光绪三十年（1904 年）前后，由于南海子水运的发展，包头形成塞外的商品集散地，到 1926 年前后，大小商号达千余家，可谓商贾云集，百业兴隆。现在以财神庙广场为中心的九江口，汇集了九行十六社，构成了包头市城市文明发展史的精彩篇章。

包头的老街巷宅院相背而建，形成高深的街巷。圆形大门洞，便于车辆出入，多为商家大院门。厚重的木门上有门钉和铁皮花饰，除加固门扇外，显示了一定的艺术取向。“和为贵”的门匾字样更是反映了主人对商贸、家庭、人生、社会的期盼。小院门是纯宅院的出入口，门头精美的作式及砖木装饰是中国传统建筑的精髓，同时也显示了主人的身份、地位和建筑等级。

包头旧城承载了厚重的历史与文化，真实地记录了“西口文化”的历史性特征，有着深远的基础和广泛的群众性，至今仍能够寻找到往昔的影子。

民国年间临河设治局长、山东济宁人王文墀编撰《临河县志》，其《风土习俗纪略》亦言:“河套渐染蒙俗，服御由来简陋，衣则羊裘一袭，足以御冬；食则酸粥一瓯，足以永朝；住则茅茨三弓，足以容膝。家无垣，室无牖，居然有夜不闭户风；衣无表，食无羹，俨若守太璞不完之素。此衣食住只求需要，不尚安适之习惯也。”

这里说出了现象，却没完全说明出现这种现象的原因。当年河套农业开发，是“地随水走，人随地走”，当时走西口到河套种地的晋陕农民，春来秋归，居而不定，可称“游农”，颇似逐水草而徙的游牧民族，也就学蒙古人的游牧方式，游牧到哪里就在哪里扎蒙古包；“游农”没有蒙古包可扎，就选个地势较高较干爽的地方，因陋就简，就地取材，用柳笆和泥巴搭个能够遮风挡雨的茅菴居住；若明年再“游”到别处耕种，就将这茅菴扔掉，到新地方再搭个茅菴。因无长居打算，所以没有院墙（“家无垣”），茅菴无窗（“室无牖”），常常人起炕光，家里也没什么怕丢的东西，也就有“夜不闭户风”之说。

三、藏汉合一的佛教寺庙

明代蒙古族广泛传播藏传佛教（喇嘛教），藏传佛教和汉佛教同属一种宗教，所以，“走西口”人信仰的汉佛教很快也融入蒙古族的聚居地内。

藏传佛教尊重众生、尊重自然理论，体现了蒙古族对自然的崇拜。佛教有“众生平等”和“普度众生”的教义，加上它客观上对政治极其有利，得到了历代蒙古可汗和明、清两朝的大力扶持，使其得以在蒙古地区广泛传播。崇祯十三年（1640 年），以俺答汗为首的蒙古领袖们宣布喇嘛教为“国教”，藏、蒙佛教学术交流更加频繁，也因此催生了大量的召庙，包头至今仍保留着美岱召、五当召、梅力更召、昆都仑召等藏传佛教的召庙建筑。

喇嘛庙在蒙古游牧社会中形成的信仰文化，对蒙古社会有着长期而广大的影响和贡献。喇嘛教所推崇的观念在长期的普及过程中，潜移默化地影响着蒙古民族的价值观、审美情趣、道德规范、思维模式和行为方式，并积淀成为一种独特的地域文化。2009 年 2 月 12 日的《包头晚报》曾刊登过一篇题为《包头建筑与西口文化》的报道，该文明确提到，清朝中期的内蒙古地区建有召庙 1800 多座，喇嘛 15 万人，喇嘛教之发展颇为兴盛，这也促使草原游牧文明有了除行政区划和军事要塞之外的以宗教为中心的城市产生。概而言之，蒙古地区以喇嘛教建筑为中心的城市原型中所表达出的建筑、城市和文化之间的关系是有机的、统一的和相互依存的。

阴山脚下的美岱召，从明末至清代多次修缮，把藏传佛教和汉佛教逐渐融为一体，把藏、蒙、汉族文化交融一体，可谓典型的例子。美岱召是包头的一张不可或缺的名片：国家重点文物保护单位、明代塞北著名“城寺”、黄教派传入内蒙古的第一寺院，始建于明代万历三十四年（1606 年），是一座兼具城堡、寺庙和邸宅功能的建筑。

美岱召城门上镶嵌着一块石匾，上书：“皇图巩固，帝道咸宁，万民乐业，四海澄清。”从石匾的落款来看，这座召庙建于大明金国年间。城门上有箭楼，它雕梁画栋，分为三层。在城墙的四角，也各有一个箭楼。城墙是用石头砌成的，只有顶部的垛口为青砖所砌。

这里原来是阿勒坦汗建立的金国都城。金国疆域南以长城为界，东至辽东，北及漠北，西达青海，它雄居漠南，长期与明王朝抗衡并存。美岱召里面有一座琉璃殿，建于嘉靖四十五年（1566 年），是阿勒坦汗的全国议事厅，后来改为三佛殿，是美岱召典型的明代建筑。

这座都城为什么变成召庙了呢？原来，阿勒坦汗在数次西征中，接触并且信奉藏传佛教。他废除了蒙古人信奉的萨满教，把藏传佛教引入草原。

由于草原上没有寺庙弘法，阿勒坦汗就把都城内的部分建筑改建为寺庙，使都城成为城寺合一、政教合一的统治中心。三世达赖喇嘛长期在这里传教，阿勒坦汗重孙云丹嘉措继任

延伸阅读

美岱召：原名灵觉寺，后改寿灵寺。它位于包头市东郊 100 公里土默特右旗美岱召乡，是土默特川上第一座明代城寺。它是一座城寺结合、人佛共居的召庙，四周筑有高厚的城墙，墙体用黄土夯筑，内外表层砌以石块，高 5 米，底宽 4 米，顶宽 2 米，南北长 195 米，东西宽 185 米，总面积约 4 万平方米。

三娘子壁画

四世达赖喇嘛后，也在这里传教，美岱召成为蒙古草原上的寺庙之源和弘法中心。

在美岱召中，还有一座太后庙，是为祭祀阿勒坦汗的第三个夫人三娘子所建。

三娘子智勇双全，才貌出众，深受阿勒坦汗的信任，阿勒坦汗采纳了她的建议与中原友好往来。阿勒坦汗去世后，三娘子在长达 40 年间，积极开展与中原地区的互市，促进了边疆地区经济、文化的发展。谁也不能否认，三娘子推行的互市政策，为走西口铺平了道路。互市促进了内地的人口流动，使走西口的雏形出现了，只是人们当时并没有赋予它走西口的概念罢了。

第四节　一脉相承：方言

“走西口”不仅使晋、陕与草原游牧地区具有一种长久的渊源关系，同时也使游牧地区的方言深深刻上山西方言的烙印。侯精一先生之所以在《晋语的分区》一文中，把包头方言划入晋语，就是看到了包头方言与山西方言在诸多方面的共同点。但由于山西移民来自山西省的各个地区，所以包头的方言又不完全等同于山西方言，而是在漫长的历史中，在继承和发展了山西方言的基础上，在吸收了当地少数民族语言后，融会贯通，最终形成了具有“西口”特色的新方言。

关键词：传承　方言

一、差异

包头市中由于山西移民的居民构成来源极为不同，故而所形成的语言风格也有所差异。土默特右旗沿山区美岱召镇一带居民，韵母 ang，发音为 e，韵母为 iang、uang 的字也相应发生变音。例如，厂，发音为“扯”；上，发音为“社”；仗，发音为“这”；壮，发音为“坐”；创，发音为“错”；爽，发音为“锁”等，与其他地区方言发音明显不同。对此类语音现象感到好笑的其他村落人，还专门编了一段话取笑他们：“从南上来一群狼，尾巴丈二长，当啷一枪，打住一只羊。”

又如土默特右旗苏卜盖乡东老丈营村村民，其祖上多来自山西忻州地区，所操语言有明显的忻州方言特点，除韵母为 ang、uang 的字，与上述地区相同外，韵母为 iang 的字，则发音为 ie。例如，羊，发音为“爷”；想，发音为“写”；讲，发音为“解”；抢，发音为“且”；等等。这与包头其他地区的方言又有明显的差异。

二、融合

山西移民进入蒙古地区，带去了内地传统的语言文化。至今在词汇方面，包头方言中仍旧保留了大量的古语词。

其一，古语单字的大量保留。如包头方言中，称“推”为“揎”、“抬”为“舁”、“盖”为“苫”、“喊”为“吼”、“也”为“亦”、“满”为“溢”、“旁边”为“畔”、“依仗”为“傍”、“擦拭”为“搌”等具有古汉语语义的单字在日常话语中触目皆是。

其二，古语词的频繁使用。在包头方言中，许多频繁使用的词都可以在古代典籍里找到依据。

如谓人举止轻佻曰“佻达”，见于唐罗邺《蒋子文传》：“嗜酒好色，佻达无度。”

叫不识字的人为“白丁”或“瞎白丁”，见于《陋室铭》：“谈笑有鸿儒，往来无白丁。”

称星星为“星宿”，见于《列子》：“天果积气，日月星宿，不当坠邪？”又见之于《颜氏家训》：“天地初开，便有星宿。”等等。

其三，杂以文言虚词。方言中使用文言虚词，虽然已没有了频繁的“之乎者也”，但仍然有少量的残存，如“何其苦”、“未之谅”、“无其数”、“以当无然和十之八九”等。其中的“然、之、其”就都是文言虚词。此外，如“不外乎”、“不惧乎”、“不虑乎”、“不惮乎”和“不离乎”等，“乎”字的这种用法在文言中也极为少见，很可能是受文言的影响而变异产生的。

此外，包头方言还保存了许多不为普通话所继承的古代成语。这些成语表达能力都很强，在历史上曾经常使用，现在已逐步为人们所忘却，而方言却被大量地保留。如碍口识羞、远路风尘、散诞逍遥、守孤恋寡、手迟脚慢、四马攒蹄、抿耳攒蹄、同年仿岁、愁容苦相、信马由缰、铜钟亮瓦、一马平川、防贼避鬼、坊邻左右、惜情护面、知脾合性、三回九转、灯笼火把、少调失教、尸山血海、一惊一乍和掏心挖髓等。

三、继承

包头方言虽然是以山西方言为母体脱胎发展形成的，但是它不仅从山西方言中继承了众多的古代汉语词语和语音现象，同时，由于山川阻隔和开发较晚，对这些古词语或古音现象的保留甚至超过了现在的山西方言。表现为：

其一，保留了入声音调。古代的入声字，在包头方言中绝大多数还读入声字，这也是包头方言被划入晋语的主要考核指标。

其二，保留了上古读音现象。“古无舌上音”，是清人钱大昕研究古汉语所得出的结论，如今包头方言里就有确凿的反映。如“生火”为“凳火”，“鞋”发音为“嗨”。

其三，继承和发展了古代的分音词现象。古人说话有切脚语的现象，包头方言便是如此，如“圈”为“屈挛”，“窠”为“窟驼”。后来，包头方言发展出了大批的分音词，如“巷”为“黑浪”，“棒”为“不浪”，“滚”为“骨拢”。

包头方言与山西方言一样，继承了其中的“切脚语”现象，而且又发展出了大批的分音词。如“杆”为“圪榄”，“巷”为“黑浪”，“棒”为“不浪”，“拌”为“不烂”，“滚”为“骨拢”，“环”为“忽栾”，“圈”为“窟联”等都是。

与山西方言不同的是，包头方言中的分音词，并不仅仅是以单纯联绵词的形式存在，而是有多种形态。它可以组成多字格俗语，如“丢跤跌骨拢”、“骨拢泡蛋”、“拨脚不烂手”、“钻头觅旮旯”、“脚踢手不拉”和“棍枪圪榄”等。

第五节 交汇融通：饮食与民俗

由于走西口人员的大量增长，移民们的饮食结构与迁入地百姓的生活紧紧地结合在一起，发生了潜移默化的变化。这种影响是双方的，汉蒙两地的饮食交叉在一起，形成具有特色的饮食文化。

关键词：饮食 民俗

最初的河套人大部分来自山西省的河曲县和陕西省的府谷县，这样也就随之将河曲、府谷人吃糜米酸饭的习惯带到了河套地区，加之境内又盛产糜黍，因此一日三餐以食糜米为主。早餐糜米酸粥，午餐糜米干饭，佐以米汤，晚食糜米稀饭，所以，农家终岁不用酱醋椒姜。

所谓酸粥、酸饭，是以糜米之汁盛于罐中，放在灶台，使其发酵变酸，而后放入糜米，炊时捞置锅里，焖至半熟取汁不尽则成稠粥，取汁尽则为干饭。其味酸香，余味绵长，夏食生津止渴，且省时又省力。食时佐以腌酸菜之类。河套人饮食喜酸，不仅吃酸饭、酸粥，还有酸烩菜、酸蔓茎和酸黄瓜等。

此外，莜麦和荞麦也食用较多。白面因价格较贵，非普通人民所常食。面食较为稀罕，无菜则做烙饼、面条，有菜则蒸饼、锅贴。偶遇有远途旅行，则以炒米为主要食料，炒米即炒干之糜米，仅须和以开水即可食之。

蒙古人原来只有“白食”和“红食”两种，“白食”指奶制品，“红食”指肉类食品。随着时间的推移，谷子、小麦、玉米也成了他们常用的食物，并且开始吃地地道道的山西风味的酸菜和醋，有的地方甚至吃起酸饭来，这都是受为数居多的山西人的影响。

岁时祭祀、婚嫁及丧葬礼俗、社会礼仪等，中原及北方各省大同小异，走西口来到河套的各地人，除沿袭自己原籍的习俗外，也多受属强势群体的晋西北人和陕北人的影响。比如每年农历七月十五过中元节，这一习俗就是晋西北人带过来的。

这天，家家户户要蒸馍祭祖，上坟烧纸祭祀先人，还要蒸面人儿互送以娱儿女。晋西北黄河边的河曲县，每年都要在一个称作“西口”的摞坝处搭台唱戏，同时放河灯，为当年在黄河上走船而死难的人超度亡灵。这一习俗也被河曲走西口的人们带到了河套。从清末到民国年间，每年七月十五，杭锦后旗的元子渠桥、五原义和渠桥、临河马道桥等沿河较大村镇，也都要搭台唱戏，放河灯。新中国成立后虽不再放河灯，但每年过农历七月十五这个节日，却被整个河套人接受并沿袭至今。

河套民风，自古到今，有多少人都用“民风淳厚”四个字来概括，具体的诠释就是河套人朴实厚道，宽容大气，常怀怜悯之心，善以待人，不虚假客套，少繁文缛节。这种民风一是受了蒙古族习俗的影响，也是在走西口的历史过程中形成的。当年走西口的人一路艰辛，走到哪里就住到哪里吃到哪里，常常受到他人的包容接济，后来定居下来，也常常怀着同样的怜悯之心包容和接济他人，久而久之，就形成了河套特有的民风。

延伸阅读

“西口文化”作为明清时期北方独特的历史现象，包含了军事文化、政治文化、经济文化、商业文化、民族融合、文学艺术、宗教等诸多方面，其内涵符合“文化”所应具备的包容性，是明清时期中国西北地区独有的一种文化现象。“西口文化”正是根植于中国主流文化传统的土壤中，在军事文化的基础上，通过商业交流、移民、民族融合等方式，不断与其他文化现象融合，演化出来的一种新的历史文化现象。它既是中国主流文化传统的异化，又承继了中华文明的各种文化元素，是特定历史时期形成的具有地缘性和相对排他性特征的新的民间文化形式。

第七章
回望永恒

走西口的歌我们从小就听过，在心灵里种下的是生离死别的悲伤；走西口的故事我们从小就听老人们讲过，在脑海中留下的是戈壁荒漠的凄凉。我们对走西口的了解似乎都是从那首柔肠寸断的民间小曲中得到的。虽然走西口的真实面貌被岁月的风尘和苦难的恐惧掩埋在浅见和偏见中，但也同样留给我们几抹亮丽而浓重的色彩。

第一节　隐蔽的创伤：一段口内民众的苦难史

“走西口”是晋、陕等省人民长时段的、持续的、习惯性的而且具有传承性的群体行为，他们的行动基本是为生存而挣扎的表现。事实上，“走西口”是低生产力水平时代小农经济的产物。其基本动因大多是贫瘠的土地，频发的天灾，加之战争、匪患等人祸。他们离开灾荒的故土，到口外从事放牧、受雇、垦荒、小贩、小手工艺等体力劳动以求糊口，绝大多数是在为活命而奋斗。尽管他们做了最大的努力，也不一定能够改变贫困状态。对于“走西口”的人群来说，客死他乡不是新闻，广袤的口外土地上不乏口内百姓的坟场。所以说，“走西口”是一段口内民众的苦难史。

关键词：隐忍

毋庸置疑，亲历“走西口”的人群中也同样走出了许多杰出的旅蒙巨商大贾，他们成为众多“走西口”民众眼中艳羡的对象。然而，就在这夺目的光环之下，这些巨商大贾也同样咽下了无数难以隐忍的苦楚。

我们来读一段在“大盛魁”非常杰出的旅蒙商代表——李梅掌柜的故事。每次开账分红，他都能坐享大约3万两白银，就连绥远都统也躬身拜访，借助其资力。在李梅掌柜的影响下，杀虎口青年子弟往往少小离家，走外蒙、赴新疆、到甘青，常年奔波，客居他乡。其中不少人成为巨商大贾，每逢账期分红，把所得款项通过票号汇解乡里。其家属衣食日用之货则长期在杀虎口各店铺赊取记账，年终一并结算。

经商盈利固然可喜可贺，但孔雀东南飞、异地两相思的孤独生活，不仅使旅蒙商人在日常生活上感到诸多不便，而且也给杀虎口带来一系列社会问题。由于一般字号均严格规定所属职工不得在外携妻、纳妾、嫖赌，三年、六年甚至十年才能返家省亲一次，因此不少人面临断子绝孙这一残酷现实。即使幸运偶得子嗣者，其心灵上的创伤用笔墨也难以尽述。

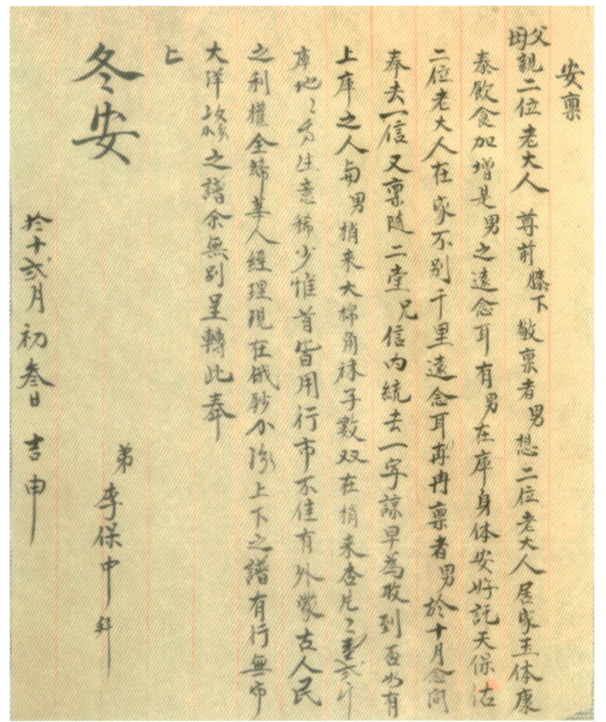

安禀
父母親二位老大人 尊前膝下 敬禀者男 想二位老大人居家玉体康
泰飲食加增是男之遠念耳 有男在庫身体安好託天保佑
二位老大人在家不别千里遠念耳 再冉禀者男於十月念间
奉去一信又禀随二壹兄信内統去一字諒早為收到 再小有
上庫之人訇男捎来大棉角袜子數双在捎来查兄之[illegible]
庫也[illegible]意稀少惟首皆用行市不佳有外蒙古人民
之利權全歸華人經理現在俄[illegible]上下之諸有行無市
大洋[illegible]之諸余無别呈轉此奉
上
冬安
弟 李保中 拜
於十弍月初叁日 書申

寄至山西汾陽县三泉顧[illegible]交
三成號大德收專[illegible]北馬[illegible]村
父親老大人 [illegible]禀
自大庫倫恒記中李保中具寄
加[illegible]

旅蒙晋商家书

少小离家老大回，
乡音无改鬓毛衰。
儿童相见不相识，
笑问客从何处来。

唐朝诗人贺知章这首脍炙人口的七言绝句《回乡偶书》，对长期在外的杀虎口商人来说甚是贴切，它道出了他们的惆怅心境和无限感慨。

民国初年，李梅掌柜落叶归根、荣归故里，不久便与世长辞。这位家资巨万的老人一生操劳，死后也不放弃光耀门庭的“机遇”，举办杀虎口规模空前的出殡发丧，请众多僧侣设坛祭奠、超度亡灵，丧礼长达 20 余日。李家整日宾客盈门，仅“八碗八碟”的上等宴席每天就有数百桌。由此可见，李梅家业的殷实和在商界的地位。

然而，遗憾的是李梅掌柜偌大的家业却因身边无子、仅有二女，难以继承“消受”这许多银子，只得过继侄儿李茂林为嗣以继香火。常年跟随李梅经商的李茂林胞弟李森林，竟也“天”不作美，连一个儿女也得不到老天“恩赐”，只能领养他人之子。

如此事例，在杀虎口随处可见。因此当地民谚云：

十山九无头，
洪水向北流。
富贵无三世，
清官不到头。

为了乞求神灵，庇荫杀虎口子孙繁衍、香火旺盛，保佑旅外亲人康健平安并寄托那“剪不断、理还乱”的万缕情思，人们倾巨资修建了玉皇阁、关帝庙、财神庙、观音庙等 50 余座庙宇。这些庙宇巧夺天工，构成塞北边陲风格独特的宏伟建筑群。各路神仙都争先恐后拥到这方圆数里的杀虎口，接受众多善男信女虔诚的顶礼膜拜，以分沾旅蒙晋商的“余润”。

世人每每以仰慕的眼光感叹杀虎口的繁华与经商者的富有，赞叹之词也往往“凝聚”在李梅掌柜等成功者的头上，却很少有人去探求其创业的艰难。至于那些经杀虎口涌向西北边陲乃至欧洲的“淘金者”，那些客死他乡被迫出“口”的谋生者；那些被茫茫戈壁、漫漫流沙隐姓埋名的塞北孤魂究竟有多少，无人统计，也无法统计。恐怕只有那些依门北望、孑伴孤灯，“一缕相思万缕愁”，念夫盼子苦煎熬的贤妻良母们略有所知。

旅蒙晋商的酸、甜、苦、辣在那些泪耗干、春逝尽、一根根银丝爬上头的善良女性身上得到了最好的证明。随着岁月流逝和历史变迁，当年蜚声华夏艰苦创业的山西商帮今已鲜为人知，他们往返所经的杀虎口也面目全非。但是，一首“哥哥（你）走西口，小（啦）妹妹也难留，手拉（着那）哥哥的手，送哥哥在大门口。紧紧地拉住哥哥的袖，汪汪的泪水肚里流……”的山西民歌，道出了多少女子的哀怨悲伤，宣泄出多少生离死别的人间情感，又描绘出多少旅蒙者的艰辛困苦。它以哀婉的曲调令人回肠荡气，吸引人们到杀虎口凭吊忆古。

第二节　可贵的品质：一部栩栩如生的传世教材

回望当年的走西口历程，我们心中的思绪不免泛起波澜：既为那时民众生活的艰难所感慨，也为他们为之不懈努力与追求的精神所折服。更为可贵的是，走西口的成功者身上体现的优秀品质的确值得当代人不断发扬光大。

关键词：走西口　品质

在走西口的人群中有一部分人成功了，这就是新的商业群体——旅蒙商。成功者的榜样，给人们带来了新的希望。并不贫困的人也开始走西口，他们的目标不是求活命，而是求发达。从此以后，口内人不是到了极其贫困的境地才外出，而是在一定程度上，“走西口”成了一种习惯和时尚，就像县志里描述的那样，太谷人咸善谋生，“跋涉数千里率以为常”，盂县人“往往服贾于远方，虽数千里不辞”。可见，“走西口”的人群中有很大一部分人是做着淘金的梦奔向口外的。

口外地区和内地的物产相互需求，造就了商业发展的条件，由此形成了各种各样的机遇，谁能抓住机遇谁就可能获得成功。其中最为出类拔萃的人，看准了民族贸易和对俄贸易。“走西口”的人群中获得成功的毕竟是少数。他们是当时的“精英分子”。他们的身上都具备以下六个特质：

一、勤

所谓“勤”，一方面强调了走西口民众的吃苦精神，另一方面，则突出了他们勤学、敬业的优秀品质。的确，走西口的汉子们不怕吃苦，在前往口外的路途中，他们体会过歧道地的彷徨，亲历过漫无边际的荒无人烟，感受过独自前行的寂寞与难以割舍的挂念，为的只有那心中的永恒信念：出口外，可以过上另外一种向往的生活。有了信念的支持，走西口的路途即便再艰苦，再有磨砺，也依然吸引着无数年轻人前往。

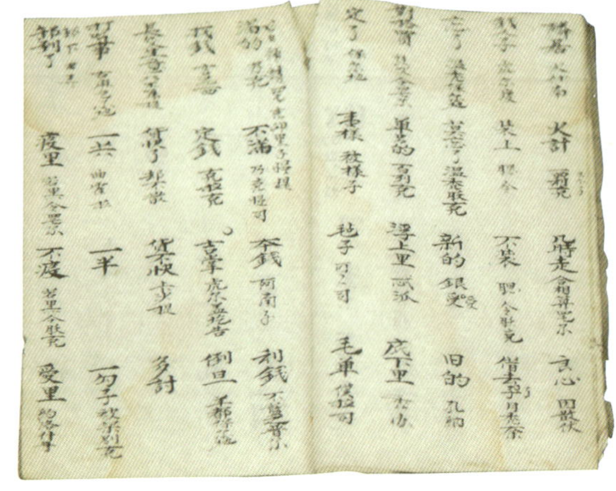

汉字注蒙语抄本

在走西口的旅蒙商团队中，不仅有了信念上的执着与坚持，大家还逐渐形成了一种积极进取的良好氛围。有些旅蒙商号规定：学徒入号头十年，除在总号学三年做生意的一般知识外，还必须到前营或后营柜台分别学习三年，学蒙语和蒙古族生活习惯以及与蒙古人做生意的方法，并熟记经营的路线和住宿的地点。因而几乎所有的旅蒙商都会讲蒙语，而且熟悉当地的风俗习惯，并练就一身骑马和看牲畜口齿、估肉斤的过硬本领，这就为他们严冬酷暑走包串户售货和收购畜产品提供了条件。

二、韧

所谓“韧”，表达了走西口民众在执着地坚持信念的基础上，扎扎实实，从起点出发，不管生意再小，绝不止息，也绝不会好高骛远，而是认真对待，并最终到达事业顶峰的优秀品质。

也许不论是明清时代的当事人，还是当今社会中的我们，都会为旅蒙晋商所创造的辉煌而感到震撼。我们都在赞颂他们所创造的商业帝国如何辉煌，他们对商业经济乃至社会文化生活的影响如何深远，也许已经有人忽视了这些成绩的背后所隐藏的诸多故事。需要强调的是，任何一个巨商大贾都不是天生的，他们的成功源于点滴之间。对于旅蒙晋商而言，从肩挑赴贩的小伙计开始时他们必须经过的一个阶段，正是从这种扎实的基本业务出发，旅蒙晋商才为自己奠定了稳固而坚实的商业基础，才有可能在日后将自己的商业帝国越做越强。

三、智

所谓“智”，指的是旅蒙晋商善于捕捉机遇、总结经验，并及时建立一整套经营管理制度的优秀品质。“身股”制度的发展充分体现了旅蒙晋商的“智”，也正是该项制度从根本上调动了员工的工作积极性，提高其员工归属感，加强了企业凝聚力，从而使商号的竞争力上升，为组织外在利益内在化的实现提供了内在推动机制。

明代以来，在北部九边军事重镇进行贸易活动的边商，向缺乏资金的当地商人提供资本，与当地商人合伙经营盐业、粮业。双方订立契约，规定获利后按财股和身股的比例分红。

入清以后，旅蒙商号“大盛魁”在经营实践中为激励员工将身股进一步合理化、制度化。他们以严格苛刻的选拔、考核机制为基础，运用顶生意制度使优秀员工也可以顶一定数额的身股，并以此作为员工晋升的关键指标。后来，“大盛魁”为曾对商号有过突出贡献的商号创始人王相卿设立了“永远身股”，其家眷子孙可以继承其身股，并按年分取红利。

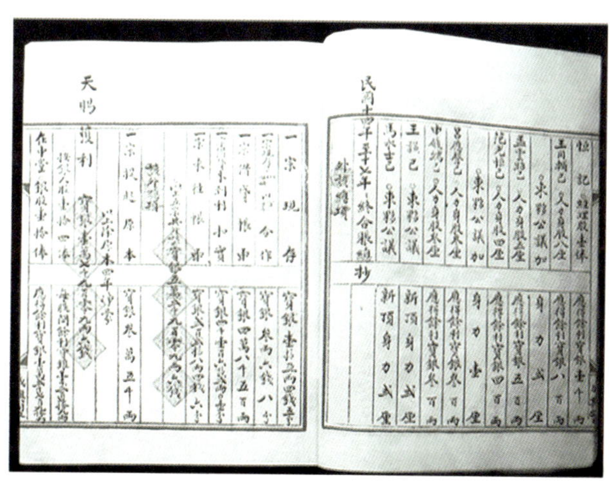

晋商身股帐抄本。身份股数并非固定不变，而是每隔一定时间根据员工工作实绩进行增减，由此对已顶上身股和将顶上身股的员工都产生了明显的激励和约束效应。

除此之外，大德通票号曾规定：“所有成绩卓著的经营人员，除薪金外，都可以此所享受的人力股与股东平等地参与红利分配，即使在该雇员离职或去世以后，还可以根据协账制度享受故股。”存在如此有效、实用的激励机制，难怪商号员工会视票号如家，忠于职守。在这种激励制度下，员工主动将外在利益和个人利益融合在一起，既减少了“搭便车”的现象，也使组织从内部迸发出一股强大的动力，推动票号更加繁荣发展，加速了外在利益内在化。

四、严

所谓“严”，是指旅蒙晋商在适时建立自己的制度之后，严格执行各项制度的品质。旅蒙商严格的号规和敬业、创业精神值得称道。他们招收学徒严格坚持标准，并在实践中赞贤任能。如学徒三年内不许回家，每天除伺候掌柜提三壶（水壶、茶壶、尿壶）、干杂活外，就是练习珠算、写毛笔字，出师后贤者留用。号内人员一律不许携带家眷（营业地结婚亦被禁止），不许长借短欠、挪用号内财物或兼营其他业务，禁止嫖娼或吸食鸦片，行贿有罪，不许向财东和掌柜送礼。凡打架斗殴、挑拨是非、结伙营私或不听调遣者予以除名。被开除人员别的商号一律不准再用。

五、勇

所谓“勇”，即旅蒙商不畏艰辛，敢于冒险，敢于同各种妨碍自己成功的力量进行斗争。旅蒙晋商是走西口人群中颇为重要的一股力量，而且不乏成功走西口、并开拓出一片新天地的典型案例。虽说成功，实为尝尽艰辛之苦尽甘来。

忆当初，这些商人唯一的行旅方式是步行。大漠荒凉，本无所谓“有路”或“无路”，只能瞅着零星的骆驼粪，凭着感觉与经验在沙包和蒿草中探索前进。一旦迷路，就有倒毙的危险。人们视其为“鬼门关”，有的人索性先给自己烧了“离门纸”，再踏上征程。

就这样，歧道地的两难选择没有左右他们的义无反顾，大漠的艰险与未知没有抵消他们心中的强烈憧憬。这一走，走出了颇为值得称赞的多彩人生；这一走，留下了若干值得传颂的经典故事；这一走，创造了更多走西口人值得为此不懈奋斗的无限希望。

晋商跑骆驼的伙计

旅蒙商驼队在路上

六、信

所谓“信”，包括旅蒙晋商对客诚信和对内守诺两个方面，正是以“信”字当头，以义制利，才使他们驰骋商界近五百年。由于晋商长期坚持“宁叫赔折腰，不让客吃亏”的信条，对待商家、顾客，无论大小，都能以诚相待。所销售的商品均能做到货真价实，“秤平、斗满、尺足”，从而使其在各地顾客心目中的诚信度不断提高。许多蒙古人对晋商茶庄生产的砖茶长期购用，一生不变。他们甚至以砖茶代替银两货币，进行物资交换。当时晋商在各地开设的商号、经营的商品大都拥有良好的声誉。

在对蒙贸易中，蒙人出售各类畜产品虽有季节性，但所需用品则长年不断，故习惯从各商号的分店、支店或小贩那里赊购。根据蒙民的情况，晋商采取春赊秋收的交易办法，农村老主顾春季换季缺钱，商号尽量赊给以解燃眉之急，秋季粮食收仓时，再派人收账。

清人松筠也说：“沿边各旗扎萨克游牧，往往有商民以值数钱银之砖茶，赊与蒙古……一年偿还，不收取，必欲按年增利。”除赊销外，他们还采取了预付货款、延期支付等其他多种形式。可以说，在旅蒙晋商漫长的经商活动中，存在着广泛而深刻的信用关系。此外，平日里商号还为蒙民捎购物品，垫借钱财，凡应允之事，必要办到。遇到对方怀疑商品质量，例如怀疑布鞋鞋底内用的是草纸，店员就当众用刀将鞋底砍为两段，借以宣传，扩大影响。

资忠履信匾

凭借卓越的信用，旅蒙晋商深得蒙民信赖。一般购买者只认商标，不问价格，只要是认定商号的商品，就不怀疑其质量。很多客户认准晋商商号的商品，数十年不变。借助诚信经商，旅蒙晋商一步步地占领、巩固着蒙地的商业市场。

以上所谈到的这些优秀品质，对于个人而言，这些品质凡缺其一者，必不成事；即或得到短暂的成功，最终也会导致失败。大多数人难以同时具备这六点，所以世世代代走西口的人成千上万，成就传世基业的只是少数。当然，这些品质不仅属于“走西口”的成功者，更是中华民族所共有的。这些特质，也正是当今社会所需要的，是应该加以大力弘扬的。特别是诚信严重缺失的今天，尤其要大声疾呼“信”字的回归。

第三节 “塞上绿洲”的传奇：“走西口”精神之今日传承

“走西口”现象不仅为历史长河中增添了浓墨重彩的一笔，走西口人所具备的可贵品质也会成为某种生生不息的精神永远影响着世人。如今，我们在重温当年走西口的种种艰辛与辉煌的同时，更应该重视的是要真正理解并传承它所留下来的那份精神内涵。令人欣慰的是，“走西口”本身所蕴含的精神因素的确已经得到了很好的传承和发扬，而它也将继续成为一种永恒的律动，指引我们去迎接更美好的生活。

关键词：走西口　精神　传奇

让我们将视线再次聚焦历史上最早的西口——杀虎口。

历史的硝烟渐渐散去，随着京包铁路的修通，杀虎口已失去了通衢要道的地位。关隘失修，关税东流，人口锐减，生意日渐萧条。到现在，杀

杀虎口新关

右玉杀虎口博物馆

虎口仅剩百余户，已沦为穷乡僻壤了。由于人为破坏，众多庙宇毁坏，历代古迹几乎无存，就连长城的包砖也被人们拆下搬回去盖房了。昔日边关贸易的繁荣已被深深埋入瓦砾和废墟之中。毋庸置疑，走西口所带动的边贸活动逐渐走向了没落，而杀虎口的所在地——右玉县却并未因为西口的逐渐褪色而衰败。

近年来，右玉县在发展经济的同时，大力修复杀虎口关隘，发掘和整理

文物，目前馆藏文物2000余件，其中相当一部分属国家一级文物。经过修复后的杀虎口又重新恢复了昔日雄关的面貌，逐渐成为一个旅游胜地。更为重要的是，经过右玉人民长期坚持植树造林，如今全县近50%的土地被森林覆盖，被誉为“塞上绿洲”。中国经济史学会名誉会长经君健先生曾经对右玉做过生动的比喻：“若把祖国比作母亲，那么万里长城就是祖国母亲的一条精美的项链，而右玉则是这条项链上一颗美丽的绿宝石。”

杀虎口是有名的大风口，过去风沙从这里长驱直入，肆虐三晋大地。现在，一道坚固的绿色屏障使雄关要塞锁住了北来风沙的进犯，赋予了杀虎口新的使命。方圆20公里的杀虎口不仅有雄浑古朴的古代建筑，而且还有壮观的自然景观。高耸入云的山峰随处可见，沿苍头河畔行走，可以看见松柏参天，绿草如茵。值得一提的是桦林山，山上怪石嶙峋，北侧就紧靠着万里长城，形态非常神奇。

沿着桦林山前行不远就是著名的圣山，圣山的岩石裂缝中有一泓泉水，冬天也不结冰，传说是仙女下凡的一滴泪水。在蒙汉相争的年代里，汉人为把圣山围在边内，日夜征战，但一到晚上圣山便又到边外，这样整整连筑13次，但是圣山仍在边外，后来，长城脚下一村得名“十三边”。

右玉南山森林公园

绿色右玉

这些美丽的风景，一半天然生成，更多是人类与自然对抗的结果，真实发生过的事情的确令人唏嘘。如今的右玉既有苍头河湿地公园，还有南山森林公园，右玉人靠着坚韧不拔的精神和实践活动成就了人类成功改造荒漠的奇迹。

新中国成立之初，右玉被国际环境专家列为人类最不宜生存的地区之一。由于自然条件恶劣，被建议举县搬迁，当时全县 295 万亩土地，仅残留树木 8000 亩，森林覆盖率不足 0.3%，还有 225 万亩土地被完全沙化，沙化面积达 76.4%。事实上在右玉种树很难，因为植树的最好季节是春天，但在春天，这里的泥土还被冻着，一直到夏天才能自然化冻，那时树苗根本不可能成活，当时的右玉县委书记的基本工作就是每年春天带领着干部群众用炸药炸开冻土，植树造林。

为了防止水土流失，他们还把树苗周围的土地刨成错综的田字形，即使这样，树苗的存活率依然低得可怜，但右玉人并不气馁，每年春天继续炸土种树。就这样，一代一代坚持了近 60 年，历经 18 位县委书记，终于有了如今遍地红柳、沙棘、小老杨及各色乔灌木和果树的样貌。如今，全县林地面积达 150 多万亩，森林覆盖率达 50％，高出全国平均水平 30 多个百分点；治理沙化面积 200 万亩，占当地沙化总面积的 88.9％。其实右玉的地下也有着丰富的煤矿资源，但即使是全国特困县时，右玉人依旧执拗地坚持种树，不愿意因为开采挖煤而破坏生态环境。

这就是所谓的“右玉精神”，这种精神的创造者不是某个人或某个团体，而是几代右玉百姓共同努力奋斗的结果。今天，站在高处，能看到杀虎口旁古长城泥墩垛子被挺拔的小老杨掩映着，山顶上有数十座风力发电的大风车缓缓旋转着，夕阳西下，更是一幅田园诗的美景。但谁又能想到它背后的故事呢？我们似乎已经体察到，正是在同样的地点，同样的一方百姓，“右玉精神”的形成俨然已经成为当年“走西口”精神最好的延续与传承。

延伸阅读

“走西口”这一产生于特殊历史背景的特殊历史活动虽然为解决口内贫苦大众的生计问题和促进口外地区经济社会发展作出了重要贡献，但是从历史发展的长期进程来看，其对蒙古地区环境的破坏也是不容忽视的。口外地区虽然有宜耕宜牧的自然环境，但也有很多不宜农耕的地区。清代以来大规模盲目性的农耕活动，不仅开垦了宜垦地，而且也开发了那些沙底土壤，这就不可避免地导致大面积土地的荒废，出现了生态退化的严重后果。再者，由于当时农业生产力水平不高，没有任何技术含量的大面积开垦，导致出现了土地盐碱化和肥力衰竭的情况。另外，由于人们在田地上的投入严重不足，地力逐渐下降，一遇天灾人祸，土地抛荒现象时有发生，这也加剧了口外地区土地荒漠化的进程。盲目的滥垦滥伐，以及甘草的过度开采，不仅毁坏了草场的天然植被，而且也影响了地表的稳定性，降低土壤入渗性能，使干旱的草原生态进一步恶化。

主要参考书目

成艳萍：《经济一体化视角下的明清晋商》，科学出版社，2013年版。

冯改朵、刘建生等：《西口研究——以杀虎口为中心》，山西经济出版社，2012年版。

刘建生、燕红忠、张喜琴等：《明清晋商与徽商之比较研究》，山西经济出版社，2012年版。

燕红忠：《晋商与现代经济》，经济科学出版社，2012年版。

燕红忠：《中国的货币金融体系（1600—1949）》，中国人民大学出版社，2012年版。

刘建生：《商业与金融：近世以来的区域经济发展》，山西经济出版社，2009年版。

刘建生、燕红忠、石　涛等：《晋商信用制度及其变迁研究》，山西经济出版社，2008年版。

刘建生、燕红忠、王瑞芬等：《山西典商研究》，山西经济出版社，2007年版。

刘建生、刘鹏生、李　东：《回望晋商》，山西经济出版社，2007年版。

刘建生、刘鹏生、燕红忠等：《明清晋商制度变迁研究》，山西人民出版社，2005年版。

刘建生、刘鹏生等：《晋商研究》，山西人民出版社，2005年版。

高增德、刘建生：《晋商巨擘》，山西经济出版社，2005年版。

刘建生：《商谭》，山西经济出版社，2002年版。

刘建生、刘鹏生等：《山西近代经济史（1840—1949）》，山西经济出版社，1995年版。

刘建生：《中国近代经济史稿》，山西经济出版社，1992年版。

……………………………………

安介生：《山西移民史》，山西人民出版社，1999年版。

王德功：《杀虎口》，山西古籍出版社，2006年版。

〔俄〕阿·马·波兹德涅耶夫：《蒙古及蒙古人》（第二卷），内蒙古人民出版社，1983年版。

晋商与西口文化论坛组委会：《纵论西口》，山西春秋电子音像出版社，2006年版。

张正明：《晋商兴衰史》，山西古籍出版社，2001年版。

卢明辉：《清代北部边疆民族经济发展史》，黑龙江教育出版社，1992年版。

卢明辉、刘衍坤：《旅蒙商——17世纪至20世纪中原与蒙古地区的贸易关系》，中国商业出版社，1995年版。

郭裕怀：《山西社会大观》，上海书店出版社，2000年版。

秉　荣：《九死一生“走西口”》，上海书店出版社，2000年版。

梁方仲：《中国历代户口、田地、田赋统计》，上海人民出版社，1980年版。

中国戏剧家协会：《中国地方戏曲集成》，中国戏剧出版社，1959年版。

杨民康：《中国民间歌舞音乐》，人民音乐出版社，1996年版。

甘云鹏：《杀虎口监督署报告书》，崇雅堂印行，1914年版。

马步升：《走西口》，南方日报出版社，2000年版。

冯改朵等：《西口研究——以杀虎口为中心》，山西经济出版社，2012年版。

王尚义：《山西商人商贸活动的历史地理研究》，科学出版社，2004年版。

邢　野：《中国二人台艺术通典》，内蒙古人民出版社，2006年版。

黄丽生：《由军事征掠到城市贸易：内蒙古归绥地区的社会经济变迁》，台湾师范大学历史研究所，1995年版。

西口文化研究会：《西口文化研究》（卷一），2005年版。

刘映元：《西口菊部旧闻——呼和浩特梨园史话》《呼和浩特文史资料》（第二辑），1983年版。

门　岿：《二十六史精要辞典》，人民日报出版社，1993年版。

李孝聪：《孔道与平台：杀虎口在历史上的地位与作用》《山西大学学报》（哲社版），2007（2）。

王来刚：《“西口”简析》《阴山学刊》，2004（2）。
《走“西口”简析》《忻州师范学院学报》，2004（1）。

韩　巍：《清代“走西口”的路线及成因》《内蒙古师范大学学报》（哲社版），2009（3）。

张　贵：《对西口文化的探讨》《实践》，2006（7）。

张喜琴：《“西口”考辨》《中国经济史研究》，2009（3）。

行　龙：《人口压力与清中叶社会矛盾》《中国史研究》，1992（4）。

刘春玲：《试析清代走西口的成因》《阴山学刊》，2004（3）。

段友文、高瑞芬：《“走西口”习俗对蒙汉交汇区村落文化构建的影响》《山西大学学报》（哲社版），2006（5）。

刘春玲：《论清代走西口对内蒙古西部社会发展的贡献》《阴山学刊》，2006（3）。

祁美琴、王丹林：《清代蒙古地区的“买卖城”及其商业特点研究》《民族研究》，2008（2）。

闫天灵：《“走西口”与晋陕内蒙古毗连带民歌圈的生成》《西北民族研究》，2004（2）。

张　舒：《谈谈历史上的“走西口”》《天津日报》，2009-02-09。

贺　宇：《内蒙古包头市格亥图村跑圈子秧歌的调查与研究》，内蒙古师范大学，2006年硕士学位论文。

刘忠和：《走西口历史研究》，内蒙古大学，2008年博士学位论文。

郭守江：《河套地区的饮食风俗》《河套文化》，2008（1）。

潘照东：《略谈“西口文化”的基本特征》《阴山学刊》，2006（6）。

后记

作为历史上的一段重要印记，走西口俨然已经成为世人抹不去的记忆。故事中讲述的凄美与诀别，民歌中流淌的哀怨与思念，遗迹中陈列的繁华与苍凉，文化中传承的异化与融合，这所有的一切向我们展现出西口文化所具有的独特魅力。如今，回望这段历史，不仅怀揣着一份探知与敬仰的心情，也想让这段未尘封的记忆赋予我们更多精神与信念的追求。

本书正是按照以上思路，从七个部分完成了对走西口历史及其对当今社会影响的基本介绍。本书的主要内容涵盖走西口的历史原因，西口位置的具体界定，走西口的大致路线和主要人群，走西口所带动的社会经济发展，走西口文化的异化与传承以及走西口精神的当代延续与反思等方面。

其实谈到西口，总有一份情结在其中。2006、2007年和2009年，笔者所在的山西大学晋商学研究所团队领导和成员先后三次赶赴山西省朔州市右玉县，参加了由当地主办的与西口相关的系列学术论坛。在经过实地考察和查阅大量原始资料的基础上，向大会提交了大量与西口相关的学术论文，这也成为我们撰写本书的重要和坚实的基础。当然，在撰写的过程中，本书还参考并借鉴了大量学界前辈、同仁出版和发表的有关成果，借此机会，对给予我们启示和提供资料线索的作者表示诚挚的感谢和崇高的敬意。

最后，特别想要指出的是，作为《晋商五百年》丛书之一，本书的前期准备工作得到山西省朔州市右玉县县委宣传部的大力支持，其出版则受到山西教育出版社工作人员的鼎力支持，在此表示衷心的感谢。

跋

明清晋商在中国商业舞台上活跃的时间之长、影响之大，是空前的。然而历史的车轮无情地碾过那段令人激奋和无奈的岁月，只留下斑驳的记忆和深深的叹息。如何重拾昔日辉煌、重振晋人精神，如何改变百年封闭思想、形成晋人与时俱进的理念，如何挖掘历史文化遗产、实现文化强省，如何改变外界对山西的偏见、重塑山西的时代形象，成为当代有识之士急于破解的难题。

在国家日益重视文化对社会发展的重要意义的背景下，正值山西省省委、省政府大力推动文化产业发展的良好历史机遇，2008年初夏，时任山西教育出版社社长的荆作栋以敏锐的市场把握和独特的文化视角，结合晋商出版物的现状，将晋商文化的挖掘和传承作为出版工作的一个切入点，提出做一套能全面展示晋商文化的图书的出版思路；山西大学晋商学研究所近二十年来一直致力于晋商研究，曾先后出版相关专著十余部，发表相关论文二百余篇。鉴于此，张沛泓、杨文两位编辑在多方调研和充分论证的基础上，最终确定与山西大学晋商学研究所合作，以《晋商五百年》丛书的形式，将近年来在晋商各方面的研究成果进行整合，以通俗和生动的方式图文并茂地展示给广大读者。山西大学晋商学研究所在深入思考和集思广益之后，决定全力以赴做好这套书。相信这必将有力地推动晋商文化的宣传和普及，更好地满足文化市场发展的需求。

随着晋商研究的深入，晋商学作为一门独立的学科已经初具规模，其研究的外延亦不断扩大。《晋商五百年》丛书主要从经营行业（盐商、典商、票商、茶商、粮商等）、会馆、家族、教育、公司、建筑、经营、镖局、走西口等方面，对晋商现象进行概括性描述，基本可以反映出明清晋商的全貌。在本丛书的各分册中，对晋商饮食起居、书法戏曲、官商关系、社会公益以及特有的商业习俗等也都有所涉及。

《晋商五百年》丛书十四册的编写历经五年有余，经过出版社同志们的辛勤劳动和各分册作者的共同努力，终于可以付梓出版了。丛书作者为山西大学的晋商学研究所、历史文化学院、经济与管理学院、教育学院和体育学院研究晋商学的老师和研究生，他们分别从自己研究的领域和视角对晋商现象进行了介绍。在五年多的编撰过程中，出版社编辑和作者两方多次探讨，反复修改，几易其稿，达成共识；特别是在丛书整体的文字表达上，尽量使用通俗的描述语言，并配以内容丰富、形式多样、涉及范围广的“延伸阅读”，让各册内容更加丰满，知识涵盖面更加广泛。在此，对各位著作者的辛苦工作表示敬意。

山西教育出版社编审委主任张沛泓、项目部主任杨文在本丛书的论证、策划、立项、组织等方面做了大量工作，并在成书的过程中积极推动，在此对她们的敬业精神表示钦佩。各册责任编辑为使图书形象更加美观、内容更加生动丰富，通过各种渠道搜集和拍摄了大量图片，下了很大功夫，也付出了很多心血。山西教育出版社美术编辑刘志斌在丛书的装帧设计、正文图片的统筹和编排等方面做了大量工作。在此对山西教育出版社相关领导和编辑们的敬业精神和辛苦工作表示崇高的敬意和衷心的感谢。

在本丛书的编写过程中，我们参考了大量学界前辈和研究同仁的研究成果，但囿于体例和篇幅限制，不能全部一一标列，在此对各位作者表示诚挚的感谢和深深的歉意。由于本丛书有的分册是师生合作编撰，其中在结构安排、行文内容等方面还有一些尚需斟酌之处，恳请各位读者指正和谅解。

刘成虎

于山西大学晋商学研究所

鸣谢

为全面形象地宣传、展示晋商文化，本丛书在编辑出版过程中编配了一些相关图片，我们希望取得摄影者的授权，但囿于时间、条件的限制，部分图片未能事先与摄影者取得联系。在此，我们对相关摄影作品的作者表示歉意并恳请能及时与我们联系。本丛书图片的提供者有梁铭、荣浪、薛菲、刘志斌、高春平、刘成虎、刘映海等，并得到北京晋商博物馆、山西财经大学晋商博物馆、山西省博物院、太原晋商博物馆、山西近代矿史研究会、保晋公司纪念馆等单位的大力支持，在此一并致谢！